第三帝国

帝国的扩张

美国时代生活编辑部 / 编

孙　逊 / 译

修订本

海南出版社
·海口·

目　录

1. 残酷地争夺生存空间 ……………………………… 15

2. "同一血统，同一帝国" ……………………………… 57

3. 一个为和平牺牲的国家 ……………………………… 111

4. 失去束缚的军队 ……………………………………… 175

附　文

独裁者们的拥抱………………………………………… 102

一个骄傲城市的最后日子……………………………… 155

"敌人就在门口"………………………………………… 218

致读者

首先应当承认，本书的策划并非出自我本人的想法。

事实上，当一小批时代生活图书公司的编辑和作者开始极力主张推出这样一个系列的时候，我的第一反应是："有关第三帝国的话题难道还能有什么新意吗？"

可是，当前往柏林、华盛顿和莫斯科的采访人员逐步发回他们的稿件——私人珍藏的回忆录和相册堆满了我的办公桌——目击者的记录和官方秘藏的文件被一一发掘出来之后，我觉得我的疑问已经找到了最好的答案。

我们正在接近一项重大的成果：对纳粹统治下的德国的一个全新的认识——从第三帝国的内部来解剖它。

本系列共有 21 本。每一本都向您展示了第一手的私人记录、从未发表过的照片、亲历者的回忆录和新解密的官方档案。它们恰如一幅徐徐展开的巨型画卷，将您带回那腥风血雨的黑暗时代，让您仿佛置身于喧嚣狂热的柏林、遍地瓦砾的华沙、燃烧的斯大林格勒、沙尘滚滚的北非，恍如走进了令人不寒而栗的集中营、党卫队的秘密会议室、希特勒的办公室、他的书房和卧室，甚至把握到他的思想动态。每一本都有一个中心主题，整个系列连起来则构成了迄今为止最完整、最细致的"第三帝国史"。

这就是我们所做的工作，让真实的历史说话。

时代生活编辑部主编乔·沃尔

1939年4月，柏林。在希特勒50岁生日那天，一支军乐团正步经过他面前。

摩托化步兵部队沿着柏林雄伟的菩提树下街参加希特勒生日游行。

重型机械化大炮隆隆驶过元首的检阅台。

一支摩托车侦察分队是德国战争机器的范例，已经做好实现希特勒野心的准备。

1. 残酷地争夺生存空间

成为德国总理 4 天后，阿道夫·希特勒在德国陆军总司令库特·冯·哈默施泰因中将的住处本德勒街 14 号会见了他的高级将领。1933 年 2 月 3 日的这次会见的场合是一个庆祝德国外交部部长康斯坦丁·冯·牛赖特 60 岁生日的晚餐会。但是，希特勒的出席使牛赖特和军方人士有了一个出乎意料的机会聆听他们的新总理私下里的畅谈。

那天晚上大部分时间，这位前下士和这些高级官员在一起时看上去有点拘束。这帮将军是代表德国军事传统的精英，希特勒既尊重又不信任他们，他需要他们帮助他重新武装第三帝国并巩固他的政权。但是晚餐后，他成了主角。他站起来，敲打一个玻璃杯要求大家肃静。他向这些将领们发表演讲，希望有一天能够实行他扩张帝国的雄伟计划。

希特勒讲了两个小时，涉及众多的话题。根据小心翼翼地坐在幕后作记录的哈默施泰因将军副官的回忆，希特勒称民主是"所有可能的罪恶中最坏的"。他发誓要重振德国军事力量，并且将整个国家"紧密团结在一起"——这个任务"不可能仅靠劝导来实现，唯有依靠武力"。

1936 年 3 月，德国女子联盟的成员们向进入杜塞尔多夫的德国骑兵献花。这支骑兵是希特勒无视《凡尔赛和约》和《洛迦诺公约》下令进入莱茵非军事区的 2.2 万人军队的一部分。

在希特勒杂乱无章的讲话中，核心部分是生存空间问题。他坚持认为，德国需要"为过剩人口寻求新的生存空间"。在场的一名将军引用他的话，就是呼吁"在东方占领新的生存空间，并无情地实行德意志化"。对于那些认真听他演讲的人来说，这是希特勒对外冒险计划的一个蓝图。他不仅想要重建帝国的军队，而且想将他们派往一系列国家：奥地利、捷克斯洛伐克、波兰，总有一天还有苏联。当然，这意味着战争。

尽管实际上希特勒没有讲什么新的东西，好几个将军离开晚餐会时还是感到震惊。几乎有10年的时间，他一直在公开地宣扬那天晚上的讲话要点。早在1924年，在兰兹伯格监狱里时，他在《我的奋斗》一书里记录了他对外交政策的看法。他早期的一些理念同当时广为流行的传统德意志民族主义观点是一致的。比如，希特勒支持德国同他的出生地奥地利合并，并且希望废除《凡尔赛和约》。通过该条约，一战的胜利者缩短了德国的边界线并严重限制了德国的重新武装。

但是，希特勒的目标远远不止于此。在《我的奋斗》和以后他的演说中，他提出建立一个帝国的计划。这个帝国非常辽阔，以至于它将成为"地球的领主"和"世界的统治者"。他认为德国的命运将由种族和空间决定。他相信，种族纯洁是历史首要的决定因素，并且德意志人属于高等的北欧种族。但是，为了保存和繁殖这种遗传优势，德国需要更多的领土。

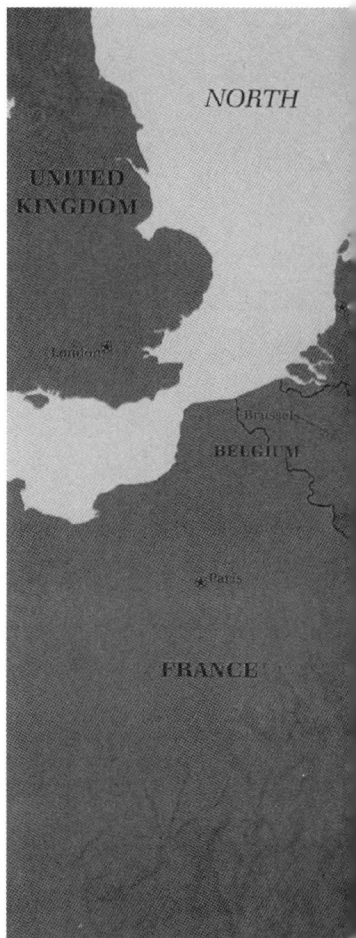

到 1936 年，通过重新主张第三帝国对萨尔区和莱茵区拥有控制权，阿道夫·希特勒已经开始扩张德国的势力。下一步，他将把目光投向奥地利和捷克斯洛伐克并将同法西斯意大利建立同盟。

17

在希特勒的种族纯洁的观点中，一个扩大了的帝国将吸纳主要有德意志民族血缘的欧洲飞地。这不光意味着吞并奥地利——《我的奋斗》第一段中制定的一个目标——而且还要吞并有大约 300 万德意志人生活的西捷克斯洛伐克地区，即苏台德地区。希特勒还想收回波兰的德语区，《凡尔赛和约》让德国做出牺牲将波兰重新恢复为一个国家。波兰通往波罗的海的走廊将东普鲁士与德国本土分割开，在一般德国民众眼中，波兰是仇恨和蔑视的目标。

当然，越过波兰，是似乎辽阔无边的苏联。20 世纪 20 年代，当希特勒将贪婪的目光投射到这么遥远的地方时，他同许多民族主义者分道扬镳了，因为魏玛政

乌克兰黑海地区的德意志族农民们在堆放干草时小憩。希特勒的宏伟蓝图要求这样的德侨同祖国重新联合。他计划杀害或驱逐占人口多数的非德意志族乌克兰人并且把这个地区变成第三帝国的大面包篮。

府同苏联的关系非常友好，德国陆军被允许在那里有秘密的训练基地。但是，对于希特勒来说，苏联对帝国的潜在价值如此巨大，因而无法忽视——"在这里命运本身似乎为我们指明了方向"。辽阔的乌克兰和更东边的大平原能够远远超出他认为的对可耕土地的需求。按照希特勒的判断，苏联人民不足为虑。他认为斯拉夫人是劣等民族，并且将布尔什维克革命归罪于他厌恶的种族——犹太人。这些土地一旦被征服，希特勒的打算超越了旧式的殖民主义。他设想由纯日耳曼移民取代当地人，当地人将被赶尽杀绝。他的计划是征服欧洲并占领北美。

对生存空间的追求也决定了希特勒对法国的态度。德法历史是一部敌对仇视的历史，刚过去的第一次世界大战和《凡尔赛和约》的实施，是这种仇视的最好说明。法国的地理位置在德国的西翼，这威胁到希特勒对东欧的野心。元首认为，一旦命令他的部队发动一场战争占领东方，法国将肯定从西线进攻。为了防止两线作战，他将不得不首先打败法国。为了有助于打击法国，希特勒赞成同一战期间反对德国的两个欧洲强国结盟——意大利和英国。他佩服意大利领导人贝尼托·墨索里尼，并视1922年法西斯在意大利执掌政权是未来纳粹在德国取得胜利的预兆。考虑到意大利对地中海的野心，这种野心必然会同法国产生冲突，这样一个联盟无论在实用主义还是意识形态方面都是意义深远的。希特勒急切地要同意大利搞好关系，他愿意放弃对阿尔卑斯山地区南提罗尔的要求——1919 年奥地利将这个地区割让给意大利。

　　至于英国，希特勒虽不太情愿但也还算尊重他们，因为他认为他们具有日耳曼优等民族天生的优势。如果他成功地与他们结盟，那么当德国对苏联发动战争时他们也许会袖手旁观，因为英国憎恨苏联的共产党政府。元首甚至相信在某种程度上也许能劝说英国帮助他实现没有明确制定的最后扩张阶段——占领美国。作为总理，希特勒坚持他最初的想法，但是实施起来又相对灵活。比如，他发现减少关于德国扩张需求的公开言论有利可图，他就在演说中宣称对和平的渴望，使那些国内外主张温和主义的人感到欣慰。但是，他对军方人士的秘密讲话明白无误地显示，他一点也没改变他的目标。2 月 8 日，在哈默施泰因将军家举行晚餐会后的第 5 天，希特勒把他全面重新武装的计划告知了德国内阁："根本的原则必须是：一切为了武装部队！"从一开始，希特勒的全部政策——国内以及外交——都是围绕着扩张。他的首要任务——解决国家的经济危机和使人民重新工作，对巩固他的国内权力是必不可少的。这种巩固反过来为他的外交政策奠定了牢固的基石。而且对于希特勒来说，对外政策的作用不是传统意义上的不诉诸战争来达到目标，而是要使德国能处于真正发动战争的最佳位置。

希特勒希望有个忠实可靠的人来实施外交政策。1931年，他指示外交部部长的位置应当交给阿尔弗雷德·罗森堡——一名全能的纳粹。他担任形形色色的工作，比如纳粹党报《人民观察家报》编辑和德国文化战斗联盟领导人——这个组织专门打击文学艺术中的现代趋向。罗森堡出生于爱沙尼亚，生长在莫斯科。这些贫乏的背景足以使他成为纳粹高级官员中一名合格的外交事务专家，纳粹的高级官员中没有人敢声称拥有多少超出德国和奥地利国境以外的经历。但是他的提名被冯·兴登堡总统否决了，他坚持认为他的忠实伙伴牛赖特应该继续当外交部部长。

爱沙尼亚出生的阿尔弗雷德·罗森堡（左）——纳粹外交事务办公室的头目，1933年5月与一名同事在伦敦的一条街上漫步。罗森堡为希特勒赢得理解的努力在英国失败了，一个英国官员描述他是一个"看起来像一条冰冷的鳕鱼的波罗的海人"。

作为一种安慰性的奖励，希特勒在纳粹内部成立了一个外交事务办公室并任命罗森堡为负责人。这个机构在设置上非常类似政府的外交部，这意味着它是纳粹攻克那个保守堡垒的一个跳板。1933年5月，罗森堡在国际事务中崭露头角，当时希特勒派他作为私人特使去英国以改善纳粹同英国政府的关系。

这次访问以失败告终。罗森堡不会说英语，并且如伦敦《泰晤士报》所写，他"明显不了解英国人的秉性"，他为迫害犹太人和压制宪法所规定的自由做的辩护没有能够对英国官员产生影响。他受到英国首相詹姆士·麦克唐纳和保守党领袖斯坦利·鲍德温的冷落，鲍德温拒绝见他。到他把饰有纳粹党徽的花圈摆放在英国战争纪念碑前时，罗森堡之行达到最低点。一个愤怒的英国退伍军人团体成员们抨击这个花圈是对英灵的亵渎并于第二天将它撤走。这个倒霉的使者不得不缩短行程回国了。

希特勒另外两个密友的遭遇甚至更加尴尬。西奥多·哈比希特被派往维也纳作为德国大使馆的新闻随员和首席纳粹监督员。只工作了两个星期后，他就因阴谋反对奥地利政府而被拘留。罗伯特·雷，"德国劳工阵线"的酒鬼主席，在日内瓦国际劳工大会上丢尽了颜面。他被拒绝作为正式代表出席大会，因为他喝得大醉，到处乱说话，高声把拉丁美洲代表们比作猴子。

发生如此过分的事情后，希特勒屈服于兴登堡总统的意愿，并让老资格外交官牛赖特继续当外交部部长。斯瓦比亚贵族的子孙、符腾堡国王一名朝臣的儿子——牛赖特于1901年进入帝国外交机构。在1932年担任外交部部长之前，他曾经担任过驻丹麦、意大利和英国的外交使节。他是一个和蔼可亲、习惯身着礼服的保守分子，相对他的外交职责，他更喜欢乡村的绅士生活。一位大使回忆说，牛赖特"对工作没有多大的热情"。他喜欢狩猎，但是以一种轻松休闲方式进行。"牛赖特不喜欢追踪猎物，"一位朋友说，"他站在固定的位置上射击"。

像许多其他老式民族主义者一样，他认为他能够调和希特勒的极端观点，1933年纳粹崛起掌权后，牛赖特开始与他们合作。他私下里表示出对反犹流氓的蔑视并且努力保护他的好几个犹太人下属，但他还是愉快地搬进一座被没收的犹太人房屋。柏林美国大使馆一名官员对牛赖特"容忍纳粹在正常时期只能被认为是冒犯和侮辱的非凡气量"感到吃惊。

牛赖特手下差不多所有职业外交官都仿效他并继续留任，正如牛赖特所说的，他们决定"充分利用纳粹"。除了极少例外——例如德国驻美国大使弗雷德里希·冯·普里特韦茨·加福德，他因良心发现而辞职——他们大多数人赞同希特勒的许多对外政策目标以及他的反犹太主义。另一方面，鉴于他们所受的高等教育和社会背景，希特勒和他的同事们瞧不起这些外交官。元首的左膀右臂赫尔曼·戈林曾开玩笑说："一个公使馆参赞一整天到底干什么？他上午削铅笔，然后下午去某个地方喝茶。"

尽管如此，希特勒还是欢迎牛赖特和外交团体提供的令人尊敬的氛围。元首希望在德国秘密地重新武装时，制造一个外交政策同平时一样的景象。他害怕法国或波兰——或者可能这两个国家一起——在第三帝国做好准备前对德国发动一场战争。"我们此时还不能进行一场战争，"陆军参谋总长威廉·亚当将军1933年3月写道，"为避免战争我们必须做每件事，甚至不惜以外交失败为代价。"

这样的担忧是可以理解的。法国陆军规模远超德国陆军，按照《凡尔赛和约》德国陆军被限定为10万人。另外，条约强行规定德国西部边境地区——莱茵地区非军事化，这使德国在面对法国入侵时将会变得不堪一击。东部，波兰拥有一支规模是德国两倍的陆军并且存在着一股强大的民族主义潮流。事实上，希特勒刚一上台，波兰领导人约瑟夫·毕苏斯基就同他的部下讨论过占领部分德国领土的可行性，以迫使希特勒遵守条约中裁军的条款。据说，毕苏斯基甚至暗中就对德国发起一次联合攻击试探过法国人的意图，尽管没有什么结果。

重新武装时不要激起邻国先发制人的进攻，这一政策指导了德国在日内瓦裁军会议上的行为，希特勒担任总理时该大会正在进行中。希特勒厌恶德国参加这些讨论，如同讨厌德国成为国联的成员国一样——国联是第一次世界大战后作为一个维持和平的论坛建立起来的——这些讨论只能导致希特勒想竭力避免的那种多边协定的产生。他更喜欢达成双边协定，因为当双边协定不再符合他的战略目标时，他可以随意撕毁而不会有第三方的干涉。

希特勒想退出裁军讨论，所以他公开抗议其他大国对德国的歧视。他争辩道，如果不允许德国获得武器，德国将变得不堪一击。要么允许德国为了足够自卫建立武装力量，要么法国和英国应当把它们的军事力量削减到德国的水平。希特勒非常清楚地知道，法国已经开始警惕新纳粹政权并且将拒绝做出让步。当法国如预料的一样拒不退让时，希特勒就有了借口，他声称德国正被剥夺平等的权利，并于1933年10月命令德国代表团退出大会。与此同时，他宣布德国退出国联。

为了让人相信他关于国际社会不公平的虚假观点，希特勒搞了一个关于他的决定的全民投票，并赢得了95%选民的支持。牛赖特和其他保守的外交官也支持。"我们德国人不适合到日内瓦，"职业外交官恩斯特·冯·魏兹萨克尔写道，后来他成为外交部的第二号官员，"我们的外交官不习惯于公开演讲。而且，德国人在大会上没有显现欢快的形象。就我所看到的，大会的主要受益人是黑头发国家的代表。"

退出日内瓦会议后，希特勒继续他表里不一的外交活动，努力寻求抚慰他最害怕的邻国，同时在幕后逐步瓦解他们的立场。他公开强烈呼吁发展同法国的友好关系。同时，1934年1月，他同波兰签订了一个为期

10年的互不侵犯条约。尽管外交部反对这个条约，但这是希特勒的成功之举。这个条约做了很好的宣传，把希特勒塑造成一个和平政治家。至少在当时，条约还是缓解了东方对德国的威胁。而且这个条约在法国和波兰之间打进了一个楔子——自从1921年起法波一直保持联盟旨在遏制德国。

接着，希特勒在奥地利的一次惨败损坏了他的国际形象。希望一下子取得兼并奥地利的胜利，希特勒支持奥地利纳粹党徒在维也纳的一次政变企图。1934年7月25日，政变者杀害了奥地利总理恩格尔伯特·陶尔斐斯，但是他们颠覆政府的阴谋失败了。陶尔斐斯被刺杀的消息在全世界引起了巨大反响。在纽约，股票价格在一场对新战争的恐惧中急剧下跌，伦敦的《泰晤士报》评论这次刺杀"使纳粹在全世界臭名远扬"。

直到1935年，希特勒才从陶尔斐斯事件的困窘中解脱出来。年初，他获得了他第一次真正的国际胜利。萨尔，一个1000平方英里的、蕴藏丰富煤矿的边境地区，1919年从德国割让出去并置于国联的控制之下。15年后，到这个地区的人民选择他们自己命运的时候了。在1935年1月13日的全民投票中，他们以压倒性的多数支持与第三帝国重新联合。希特勒的胜利是甜蜜的：萨尔河谷价值巨大的煤矿，原来作为一战期间对法国煤田损坏的赔偿割给了法国，现在重新回到德国的控制下。

受到如此的鼓舞，希特勒决定公开他重整军备的计划，这个计划直到现在一直以各种借口在执行。1935年3月，萨尔全民投票两个月后，他宣布德国空军的存在，并引入普遍义务兵役制。这两个举动彻底违反了《凡尔赛和约》，但是希特勒没有给出任何理由。相反，他加大了他的冒险，宣布德国不再遵守和约强加的军事限制。

希特勒拒绝履行《凡尔赛和约》使欧洲列强感到恐慌，它们曾错误地认为把萨尔区归还给德国将会软化希特勒的立场，而不是使他更加强硬。4月11日，英国首相、法国总理和意大利总理在意大利小镇斯特莱莎会晤研究这次德国挑战的新动向。他们同意联合起来一致反对德国的任何侵略，这个联盟被称为"斯特莱莎阵线"。3个星期后，法国成功地向东扩大了成立于斯特莱莎的反德协约国网。5月2日，法国同苏联签订了一个双边互助条约。两个星期后，苏联同捷克斯洛伐克签订了一个同盟协定。

但是，希特勒运用外交手段瓦解了"斯特莱莎阵线"。5个月前，他就德国海军规模问题同英国开始了谈判。他提出，如果英国不理睬《凡尔赛和约》并承认德国扩张海军的权利，那么他将同意德国海军规模是英国皇家海军1/3的限制。希特勒判断，这样一个协定至少在两方面给德国带来好处：一是让英国同意早已进行的海军建设，二是在英法之间制造矛盾。

希特勒认为同大英帝国的谈判非常重要，他亲自

萨尔区的煤矿工人站在一块标语牌下行纳粹礼，标语牌上写着：
"1月13日我们将投票支持德国"——这指的是1935年决定他们
地区未来归属的全民投票。

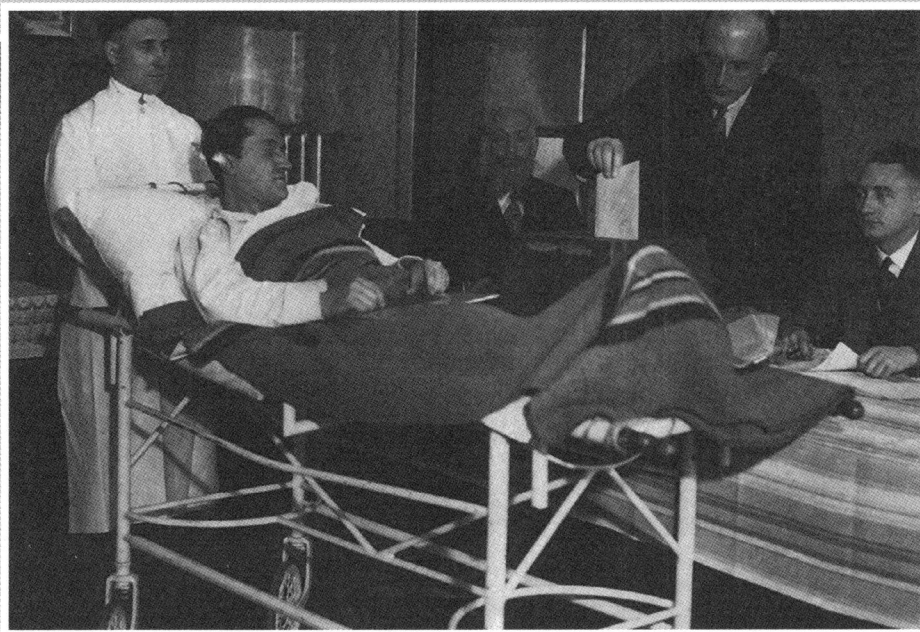

在萨尔布吕肯，一个医院的病人把他的选票投到设立在一间病房里的特别票箱里。在超过50万张选票中，90%支持同德国重新合并。

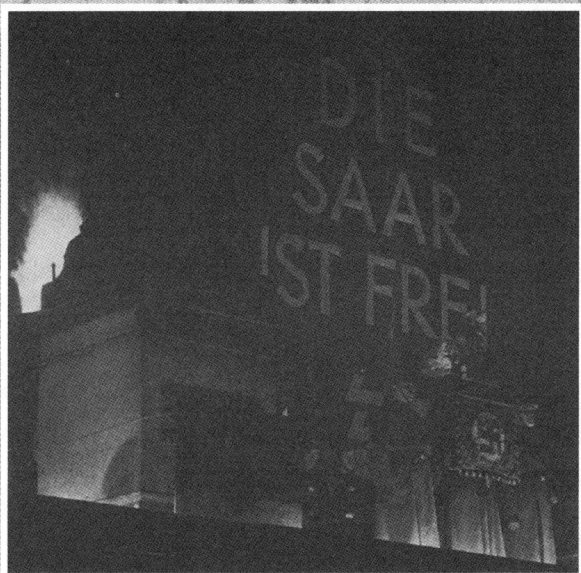

冲锋队员在慕尼黑总部一个发光的标语前庆祝全民投票的结果，上面写着："萨尔自由了。"

负责在柏林的预备谈判。他也越来越对牛赖特和外交部呆板的程序感到不耐烦，说外交部是一个"知识分子垃圾场"。他抱怨道，当他征求外交官的建议时，他们总是劝告不要做任何事情。他告诉一个下属他已经严厉地训斥了这些外交官："我告诉这些圣诞老人们，他们按部就班的行事方式在和平时期够用了，但是要是创造一个新帝国就远远不够了。"

为了完成同英国就海军条约进行的复杂谈判，希特勒召来了冯·里宾特洛甫——41岁的前香槟酒推销员，在外交事务方面他已经成为希特勒最信任的顾问。里宾特洛甫1893年生于一个中等家庭——他父亲曾是陆军炮兵的一名中尉——第一次世界大战后在柏林建立了自己的葡萄酒和烈酒进口生意，接着同财富结下了姻缘。他的妻子安妮莉丝是社会名流、德国最大的香槟酒制造商奥托·海克尔的女儿。通过过继给一个远房亲戚，里宾特洛甫让自己获得了"冯"的尊称，这个亲戚的父亲在19世纪被授予骑士头衔，这为他新的社会地位又增加了荣耀。

里宾特洛甫参与纳粹的活动相对来说比较晚，1932年5月成为一名党员。他很快给希特勒留下了深刻的印象，尽管他有许多不利条件，像君主主义情结以及有许多犹太人朋友和生意伙伴。他见多识广、精通法语和英语，在伦敦和巴黎有良好的生意关系，这使里宾希特勒野心勃勃的外交事务顾问冯·里宾特洛甫的妻子（下图同他们的孩子和宠物在一起）是一个富有的香槟酒制造商的女儿。里宾特洛甫被保守的纳粹指责为一个暴发户。约瑟夫·戈培尔说："里宾特洛甫买下他的命名，同金钱联姻，而且用骗术谋得官职。"

特洛甫与希特勒那帮眼界狭小的密友大相径庭。正如戈林挖苦的说法，但这毕竟是事实，"里宾特洛甫通过香槟了解法国，通过威士忌了解英国"。

希特勒成为里宾特洛甫在柏林郊区一所别墅的常客。在那里，元首跟安妮莉丝·里宾特洛甫学标准的餐桌举止，逐步结识这对夫妇上流社会的朋友，并且于

1933 年 1 月进行了一次秘密会谈，这次会谈导致他当选为总理。他让里宾特洛甫当选为国会议员并且关照他成为元首的精英——党卫队的一名上校。当罗森堡伦敦之行失败后，希特勒让里宾特洛甫接手，建立另外一个非官方的外交部，并安排他为负责人。这就是著名的里宾特洛甫办公室。它位于威廉街上，就在官方外交部正对面的一座建筑里，吸引了许多野心勃勃、急于通过后门进入外交领域的年轻人。里宾特洛甫和他的手下直接从希特勒那里接受命令并简化手续，成功地完成了好几项任务，包括开展德国退伍士兵组织和英法同类组织之间的联谊活动。

即使这样，里宾特洛甫在纳粹党内外受到露骨的厌恶。他粗暴、傲慢而且浅薄——一个"没有内核的外壳"，希特勒的副总理、后来出任驻奥地利公使、贵族出身的弗朗兹·冯·巴本嘲笑道。里宾特洛甫简单粗糙的外交手法在他的建议中得到充分体现，他提议可以行贿英国下议院中反希特勒派的强硬领袖温斯顿·丘吉尔。在里宾特洛甫的背后，职业外交家们嘲笑他为一个仕途攀登者，暗自笑话他写的拙劣报告以及懒散的工作习惯，并且充满信心地预言，像阿尔弗雷德·罗森堡一样，他将会犯错误并失去信赖。但是，里宾特洛甫同外交部的不和以及他无可置疑的忠诚使他深受希特勒的喜爱。根据驻柏林的法国大使安德鲁·弗朗科斯－波切特在圈外的观察，里宾特洛甫是"完美的弄臣"。"他会不动声色地向希特勒极尽阿谀奉承之能事，"弗朗科斯－波切特写到，"他维系信任的办法非常简单，包括虔诚地聆听他主子无休止的独白和牢记希特勒想出来的主意。然后，当希特勒忘记曾经同里宾特洛甫讨论过这些主意后，这位弄臣就将这些主意作为自己的想法提出来。希特勒对他俩意见如出一辙感到震惊，觉得他的合作者判断可靠，具有不可思议的敏锐预见力，这种预见同他内心最深处的想法是一致的。"

1935年春，里宾特洛甫在同大英帝国进行海军协定谈判时没有令希特勒失望。他以特有的固执拒绝了英国想让德国回到国联作为签订协定的前提条件的企图。6月18日，没有首先同"斯特莱莎阵线"的伙伴法国和意大利协商，英国同意签订英德海军协定，将德国舰

在1935年海军协定谈判期间，希特勒专心听英国外交大臣约翰·西蒙爵士（左数第二人）讲话，海军协定规定德国舰队吨位数是英国舰队的35%。外交官安东尼·艾登（西蒙的右边）说希特勒"毫不犹豫而且不做记录"地进行会议，"就像一个人清楚地知道他要去哪里"。

队的总吨数限制为英国舰队的 35%。

这个协定是里宾特洛甫的一次成功，更是希特勒的一次重大胜利，希特勒称 6 月 18 日是"我一生中最快乐的一天"。希特勒一箭双雕，既赢得了英国对重新扩军的批准，而且也粉碎了"斯特莱莎阵线"的团结。在一个充满伪善的声明中，他宣称这个海军协定在他所谓的"两个伟大的日耳曼民族"之间，"只不过是更广泛合作的初始阶段"。

希特勒同英国人的成功合作显示他在洞察和利用其他民族弱点方面具有非同寻常的技巧。英国政府对纳粹及其企图并不缺乏警惕性。早在 1933 年，英国驻柏林大使霍勒斯·罗姆博德爵士呼吁注意希特勒政府的头 3 个月是多么忠实地执行《我的奋斗》制定的侵略路线，并且英国在日内瓦裁军会议的军事代表阿瑟·坦波雷坦率地报告："一只疯狗再一次出笼，我们必须毅然决然地联合起来以确保它的毁灭或至少把它圈起来，直到疾病得到有效的控制。"但是，即使在德国空军的建立使他们的岛国处于空中打击的危险时，英国人也拒绝承担圈住这只"疯狗"的任务。

英国人懦弱的部分原因可以归结于领导层，首相麦克唐纳和他的继任者鲍德温。强烈反对卷入欧洲大陆事务的思想长期根植于英国人民心中。大萧条造成的严重经济破坏使英国人深陷其中：1933 年，英国用于社会服务的开支是用于武装部队的 4 倍。英国人对日本威胁大英帝国亚洲生命线的担忧，超过了对仍然停留在设计图纸阶段的德国潜艇的担忧，而且英国似乎满足于一个表面上对希特勒海军扩军的限制。另外，许多英国人对《凡尔赛和约》中德国受到的严厉惩罚一直怀有一种负罪感，所以对希特勒搞的他们认为是适度的军备扩张并不抱怨。

对于法国人来说，他们对希特勒的侵略性战略感到惊恐万分，但是他们不准备采取行动反击德国。尽管他们可以将一支规模仅次于苏联的陆军投入战场，但是政治和经济问题令法国人分裂。比起大多数国家来，大萧条冲击法国的时间要稍晚些，但延续的时间更长。左派和右派之间的斗争造成了政局不稳，政府在 20 世纪 30 年代更迭了 24 次，民心因此遭受沉重打击。

英德海军协定的签订使法国建立反德联合阵线的希望产生了裂痕，几个月后，联合阵线的前景变得更加黯淡。在墨索里尼建立一个非洲帝国梦想的驱动下，意大利于 1935 年 10 月入侵埃塞俄比亚。墨索里尼设想他的"斯特莱莎阵线"伙伴们会对他在非洲的行动撒手不管，但是这一侵略行径激发了意大利同所有国家的矛盾。相对墨索里尼在遥远土地上的冒险，法国更关注德国的重新武装，它倾向于同意大利和解。为了平息因使用欧洲的坦克和毒气对付非洲人的原始武器而激起的民众抗议浪潮，英国要求国际联盟对侵略者实施经济制裁。但是，这些要求实际上不是真心真意的，英国不愿意冒因严厉制裁而挑起战争的危险。最终采取的不一致措施疏远了意大利，引发了英法之间的不和，削弱了国联，并且给希特勒提供了机会，但丝毫无助于解决埃塞俄比亚的危机。

希特勒抓住"斯特莱莎阵线"国家之间乱成一团的机会在西部边境重整军备，这是他长期以来密谋实施的重大步骤。莱茵区包括莱茵河以西面积9450平方英里的德国领土。它毗邻荷兰、比利时和法国，并且拥有科隆和其他主要的中心城市。这个地区，加上莱茵河以东伸出的30英里狭长地带，已经按照《凡尔赛和约》非军事化了，以便在德国和它的西部邻国之间建立一个缓冲区。后来，德国签署了1925年的《洛迦诺公约》，承诺尊重莱茵区的永久非军事化。这个承诺一般被认为是欧洲和平最重要的保证，通过封锁明显的进攻集结地，可防止德国对法国或低地国家发动突然袭击。同时，作为《洛迦诺公约》保证人的英国和意大利的角色是保护德国免受法国的任何武力反击。

希特勒意识到，进兵莱茵区他要冒挑起一场全面战争的危险。但是他狡猾地衡量了形势。意大利不会干涉，因为希特勒已经得到墨索里尼的承诺，他将不理睬《洛迦诺公约》规定的义务。英国很可能不会单方面地干涉欧洲大陆，法国在埃塞俄比亚危机中已经显示出意

重新占领莱茵区后，德军岗哨站立在埃伦布赖特施泰因的城墙上，这是科布伦兹对面修建于12世纪的要塞，能够俯瞰摩泽尔河和莱茵河的汇合点。

志的瘫痪。希特勒冒险赌博，面临内部分裂和即将到来的选举，法国将不会鼓起勇气对抗他的武装行动。

尽管如此，1936年3月7日早晨，希特勒还是尽量谨慎地执行他所发起的军事行动，以便把刺激减到最低程度。在进入东岸非军事区大约22000人的部队中，只有大约1/10继续向西穿过桥梁完全进入莱茵区。当他们正步进入科隆和其他城市受到民众投掷鲜花的热烈欢迎时，希特勒开始了一场宣传闪电战。他宣称，法国应该受到谴责。他说，法国议会上个月正式批准通过了1935年同苏联签订的条约，违背了《洛迦诺公约》，并且破坏了力量平衡。尽管如此，希特勒继续说，他现在又伸出了和平的橄榄枝。他提出准备同法国和比利时商谈互不侵犯条约，讨论互相限制空军力量，甚至考虑德国重归国联。希特勒的诚意可以通过他毫无理由地提议德法边境双方非军事化来衡量，这个提议要求法国放弃他们对抗德国入侵的主要防线马其诺防线。

在等待对他的提议的反应过程中，希特勒经历了他后来描述的他一生中"精神最受折磨"的48小时。但他基本不需要担心，法国政府似乎瘫痪了。巴黎没有人着手制定一个反对军事占领莱茵区的计划，尽管几个月来弗朗西斯-波切特大使一直警告会有这样的情况发生。法国政府总算觉醒过来，派军队进入马其诺防线的防御工事，但是没采取任何行动，只是谴责德国，并把此事交给国联处理，国联早已因为没有能对埃塞俄比亚

3月7日，科隆市民欢迎一队德国步兵穿过霍亨佐伦桥进入莱茵非军事区。18年前，失败的德军就是通过同一座桥从法国撤回的。

一个少年给重新占领科隆的一名德军士兵别上胸饰。为了最大限度地报道如此欢乐的场景，宣传部长戈培尔挑选了许多德国新闻人员乘一架专机前往莱茵区。

希特勒和他的助手们焦急地听收音机报告重新占领莱茵区的消息。"如果我是法国人，"希特勒事后吐露真言，"我将不会允许一名德国士兵越过莱茵河。"

进行调停而声誉扫地。法国军事领导人草率地过高估计了德国的军事力量并错误地得出结论——必须全面总动员才能将占领部队赶出莱茵区。他们担心公众不会支持这样一个动员。

大英帝国尽管为德国破坏国际秩序而感到遗憾，却似乎更关心如何防止法国针对此事采取任何举措。英国人在意大利侵略埃塞俄比亚后带头提出制裁的建议，现在英国却第一个建议法国不要对德国进行惩罚。英国内阁在莱茵区被占领前已经决定，莱茵区不是英国至关重要的国家利益。总之，如伦敦《泰晤士报》所写，莱茵区是德国的领土，希特勒只是"回到他自己的后花园"。

因此，希特勒还是赢得了他最冒险的赌博。通过排除法国经过莱茵区发动突然袭击的可能性，通过在德国老对手的最前线部署德国军队，他已经改变了西欧的力量平衡。此外，他采取的这些举措得到了国际社会的默许，并且是在他忧心忡忡的将军们的抗议下进行的——这些因素将对他未来政策的形成产生深远的影响。他的人民拍手喝彩。在一次关于莱茵区问题的公民投票中，参加投票的德国人99%支持希特勒。希特勒的自信急剧增长。慢慢地，他越来越依赖自己的判断，很少关心他的将军们和世界其他国家的反应。

在非常有效地显示铁拳后，希特勒精力旺盛地重新开始利用他在欧洲大陆的敌人。1936年7月，他任命里宾特洛甫为驻伦敦大使。里宾特洛甫在那里大肆宣扬苏联的危险。他把纳粹德国描绘成反对苏联的最坚固堡垒，这一观点对许多上流阶层的保守主义者很有吸引力。但是里宾特洛甫很容易失态，比如在一次宫廷接待中他

1936年柏林的一次会议上，意大利外交部部长加里亚佐·齐亚诺，和他两侧的德国同行康斯坦丁·冯·牛赖特（右）和赫尔曼·戈林。在这次会议上签署了一个秘密协定，阐明了两个国家的共同利益。

向国王行纳粹礼，并且他逐渐受到冷落。里宾特洛甫的反应是逐渐培养了一种对英国人的厌恶感；他形成了坚定的信念，曾经向希特勒表示过，英国人是"我们最危险的对手"。

与此同时，里宾特洛甫将他大部分时间投入到拉拢日本上，日本是元首在国际上寻求合作的另一个目标。日本已经发动了侵华战争，里宾特洛甫预见到同这个亚洲强国保持更好关系的益处。他无视外交部的反对，劝说希特勒同意同日本签订一个条约。1936 年 11 月缔结的《反共产国际协定》本身没有多大意义，但是这个协定标志着向一个同盟的形成迈出了第一步，这个同盟不久将威胁到欧亚两个大陆的和平。

成为这个同盟第三个成员的国家是意大利，意大利是希特勒青睐的主要目标。元首长期以来感觉在个人以及意识形态方面同墨索里尼格外亲近。希特勒这样描写墨索里尼，"这位阿尔卑斯山南部的伟大人物"，尽管出身卑微，在一次大战期间曾是一名陆军下士，后来却开创了法西斯主义道路。但是，令希特勒沮丧的是，墨索里尼开始并没有对希特勒表示相应的尊崇。这位意大利独裁者对希特勒的思想不以为然，认为"只不过是陈词滥调"，并且形容《我的奋斗》是一本"我从未读过的无聊透顶的书"。

最困扰墨索里尼的是希特勒再三申明德国和奥地利结盟这一目标。在意大利的东北边境，墨索里尼宁愿有一个软弱的奥地利，而不希望未来出现一个具有侵略性、由德国控制的国家。希特勒当选总理后第一次出国，就是于1934年6月访问威尼斯，主要目的是安抚墨索里尼对奥地利问题的恐惧。

两个强人之间的会面从一开始气氛就很不好。墨索里尼身着全套制服，在希特勒面前显得很傲慢，而希特勒看上去像一个小推销员，身着雨衣、头戴软帽、脚穿显然是革制品的鞋子。然后，希特勒主导了会谈。"他是一个只有7个音调的留声机，"墨索里尼抱怨道，"一旦结束播放，他又会从头开始。"另一个参加会谈的人——德国外交部部长牛赖特回忆道："他们的心灵没有相会，他们没有相互了解。"

由于墨索里尼傲慢地拒绝让一名翻译出席来翻译希特勒像射击一样快速的德语，因此相互交流受到严重阻碍。交流的失败的确可能给希特勒造成了错误的印象，就是墨索里尼已经对奥地利失去了兴趣并且甚至同意在维也纳成立一个亲纳粹的政府。这个会晤后刚刚一个多月就发生了希特勒授意的刺杀奥地利总理陶尔斐斯事件。这次事件激怒了墨索里尼，并使他同德国发生了争执。

但是在接下来的两年期间，许多事件逐渐促使墨索里尼加入了希特勒的阵营。首先，英国和法国对他侵略埃塞俄比亚的负面反应后来使他疏远了"斯特莱莎阵线"的伙伴国；相反，德国宣布中立并向他出售煤和武器。

西线的壁垒

在重新武装莱茵区后，希特勒第一个举动就是建造"西墙"。这是一系列的防御工事，旨在保护德国的西部边境。这个防线刚开始时只是一些沿马其诺防线对面的萨尔河修建的小碉堡。但是，在1938年，当希特勒把贪婪的目光投向捷克斯洛伐克时，这项工程有了新的重要性。元首下令这个防线要从荷兰的北部延伸到瑞士的南部界线。在弗立兹陶特下面，修建高速公路的工程师、50万劳工24小时工作修建地堡、掩体和反坦克障碍。同时，纳粹四处宣传以使世界相信"西墙"已经改变了欧洲的战略态势。"中欧国家一旦意识到法国不能随心所欲地进入德国领土，"一个纳粹官员解释，"他们就将开始对他们的外交政策有不同的感觉，一个新的格局就将建立起来。"

一幅从杂志上摘下的一个"西墙"地堡插图形象地描绘了一个庞大的深入地下的多层合成体。尽管实际的地堡没有如此精细，但是它们确实有指挥所、部队驻扎区以及弹药储藏区。

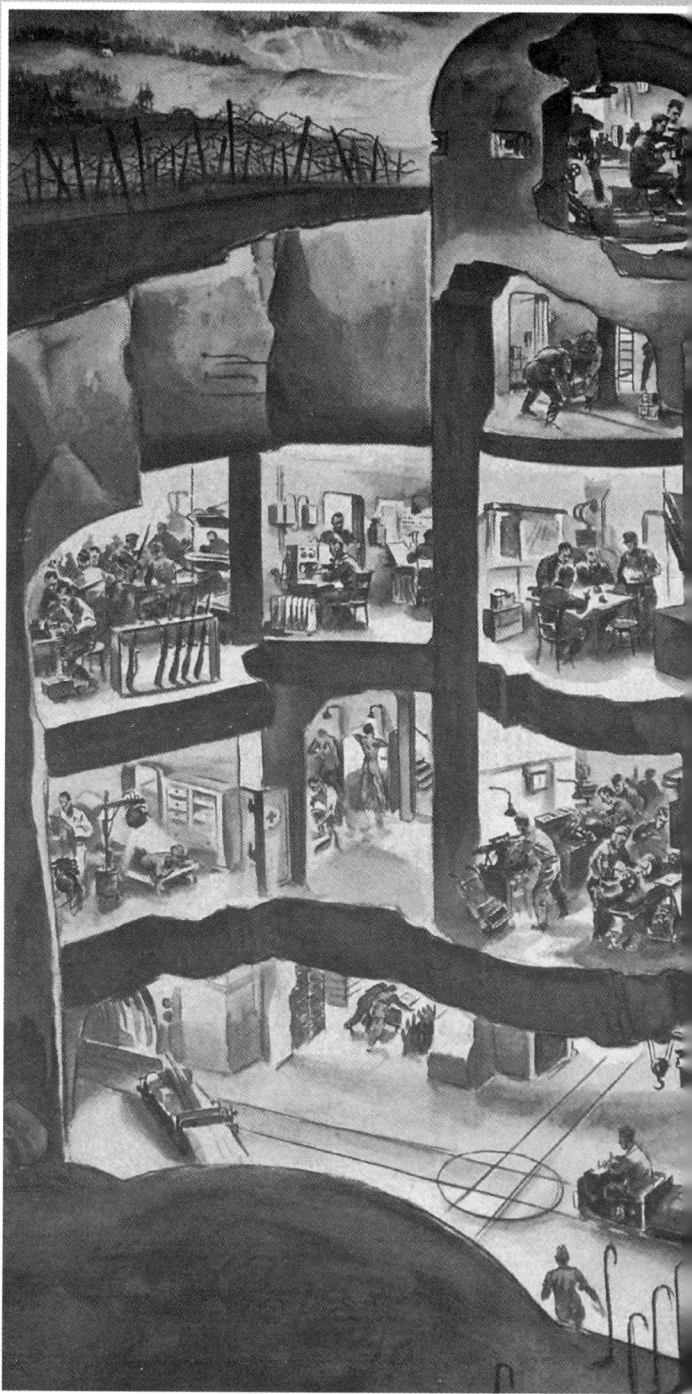

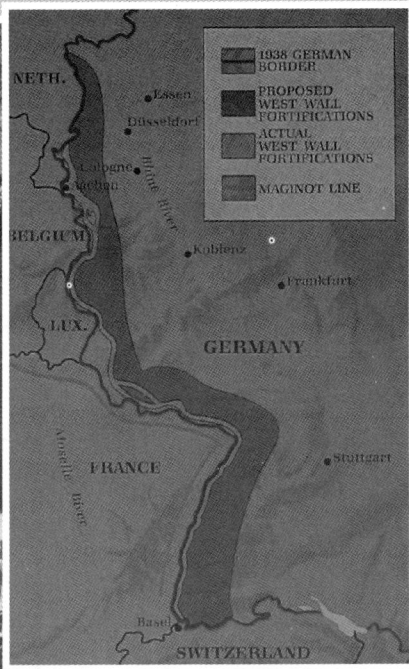

一张"西墙"地图显示了1938年底已经完工的部分以及一个仍处于设计阶段的更大区域。

"西墙"的工人们在一处战场竖立反坦克障碍物。大部分艰苦工作由帝国劳工局的人员来干。

其次，希特勒顺利地占领莱茵区使墨索里尼印象深刻，他退出了他自封的奥地利保护者的角色，并敦促他的邻国同德国谈判以签订一个条约。在 1936 年 7 月 11 日签订的条约中，希特勒假惺惺地表示尊重奥地利的独立并放弃吞并奥地利的旧政策。最后，1936 年夏，墨索里尼和希特勒发现他们作为盟友在同一条阵线战斗。两个国家都向西班牙内战运送武器和部队，以援助佛朗西斯科·佛朗哥发动的民族主义叛乱。

两个国家之间的友好关系越来越牢固。1936 年 10 月，墨索里尼的女婿、新任命的外交部部长加里亚诺·齐亚诺访问德国，准备同希特勒签订一个秘密协定，这个协定明确了两个国家的共同政治和经济利益。协定于 10 月 23 日签订，同一天里宾特洛甫完成了同日本的谈判。

希特勒当着齐亚诺的面，赞扬墨索里尼是"全世界最杰出的政治家，甚至没有任何人有丝毫可能把自己同他相提并论"。墨索里尼一个星期后做出了反应，他第一次提出欧洲围绕"罗马和柏林之间的一条垂直线"旋转。他称之为轴心。这个德意之间新型关系的称呼延用下来，后来日本成为第三个成员国。

在同意大利建立联盟的同时，德国正成为欧洲最强大的国家。小国惧怕第三帝国，像英国、法国和苏联这样的大国也逐渐对如何处理同新德国的关系没有把握。希特勒干涉西班牙内战除了更加密切同意大利的关

1936 年 10 月，在哈默尔恩郊外的一次模拟战斗中，空中的伞兵和 I 型坦克穿过一处战场。这次军事演习是表演给成千上万参加每年纳粹丰收节的观众们看的。

系外，也得到了别的好处。借此机会，第三帝国重新崛起的军队预先训练了成千上万的士兵并测试了新式武器，急需的矿产源源也不断地从西班牙矿山运到德国。

德国卷入西班牙内战预示着另外一个矛盾将逐渐恶化，希特勒同他官方外交部之间的裂痕越来越深。牛赖特一直反对干涉西班牙，希特勒没有理睬他。不幸的部长经常抱怨希特勒不听他的话："我被要求提出建议，然而却不给我说一个字的机会！"但是在一个问题上，身为贵族的牛赖特顽固地坚持自己的主见。他拒绝提议任命里宾特洛甫为国务秘书，这是外交部的第二号官员。相反，他提名他的女婿、出色的纳粹党员、退休元帅的儿子汉斯·格奥尔格·冯·马肯森。这种公然的任人唯亲使法国大使波切特从外交部出来后嘲笑道："我已经见到了圣父和圣子，但是圣灵在哪里？"

为了给未来的对外冒险增加军事力量，希特勒通过开创"四年计划"来加速他扩军备战的进程。1936年10月提出的这个方案旨在为德国4年后发动战争做准备。希特勒想象的这场战争不是一场大规模的冲突而是闪电战——一系列快速和决定性的胜利。"四年计划"旨在减少对进口的依赖性，扩大合成油和橡胶的生产，并且有效地利用国内的低品味铁矿。这些措施将为生产用于闪电战的坦克和飞机打下基础。赫尔曼·戈林负责"四年计划"及其空军。"我们已经处于战争状态，"1936

年 12 月他对他的将军们说，"只不过还没有真打起来。"

　　从生产线上下来的每件武器距"真打起来"就更近了，但是希特勒的高级将领还似乎很小心。尽管他们了解"四年计划"的企图，尽管他们的元首已发出好战的宣言，这些将军们还是不承认战争的不可避免性。希特勒无法忍耐，责骂他们犹豫不决和缺乏激情。为了竭力用战争迫在眉睫说服他们并点燃他们的热情，希特勒于 1937 年 11 月 5 日在总理府召开了一次会议。出席的有戈林、外交部部长牛赖特和战争部长瓦尔纳·冯·勃洛姆堡元帅，还有陆军总司令瓦尔纳·冯·弗里奇中将和海军司令埃里希·雷德尔海军元帅。表面上召开这次会议是为了让勃洛姆堡和戈林解决他们之间尖锐的政策分歧，戈林利用他是"四年计划"主管的优势在分配钢铁和其他稀有原料时偏向空军。这次会议的真正目的，正如希特勒后来描述的，是给这些将军们"打打气"。

　　这次会议持续了 4 个多小时，大部分的讨论被希特勒忠于职守的军事副官弗雷德里希·霍斯巴赫上校记录了下来。根据霍斯巴赫的记录，希特勒宣称他要说的话极其重要，万一他死了的话，这些话应当视为"他最后的意愿和遗嘱"。当时，希特勒只有 48 岁，但他一直深受他母亲死于癌症的影响，会在德国完成自己的使命前死亡的想法也一直困绕着他。

　　希特勒说了这样丧气的话后，马上狂热地提出一个话题，这个话题是他一上台就同将军们召开的第一次会议的主题：对生存空间的渴求。他说，德国的未来完全决定于能生产多少食物和获得多少原材料，例如铜和锡这些矿产在帝国现有的领土内是没有的。国际贸易不是解决问题的办法，因为它限制了德国的独立性并导致了"明显的军事衰弱"。希特勒也不寄希望于海外扩张。他继续说，生存空间应当通过吞并帝国周边地区来获取——而且"只能用武力来解决"。

1938 年 5 月在锡兰休假的 60 岁的瓦尔纳·冯·勃洛姆堡元帅同他 25 岁的新娘埃娜走在一起。她过去是一个妓女和色情片模特，这给了纳粹政府毁掉勃洛姆堡职业生涯的借口。

希特勒称英国和法国为德国的主要对手——"两个受仇恨驱使的敌人"。希特勒坚信英国至少在目前不会使用武力阻止德国的扩张。大英帝国正处于分崩离析的过程中，一般来说英国人不愿意未来卷入另一场持久的欧洲战争。希特勒对法国将会进行"对抗德国的战争行动"表示怀疑。但是，第三帝国必须在 1943 年前动员起来对抗西方。他预测，到那个时候，法国和大不列颠将会觉醒，并武装起来迎接德国的挑战。

希特勒选择奥地利和捷克斯洛伐克作为他第一批

占领的目标。控制这两个国家不仅能在德国的东南翼建立一个缓冲区，而且能为未来的冒险增加成千上万的新兵。希特勒主张对这些目标采取的快速行动将使对方措手不及，使波兰和苏联无法做出任何武力反应。法国国内爆发的混乱，还有因西班牙局势紧张而引发一场同意大利的战争也许会使法国转移视线。希特勒说，如果这样，进攻奥地利和捷克斯洛伐克的机会可能"早在1938年"就会到来——也就是明年。

此类话希特勒在此之前说过很多，但是从没有如此的紧迫感。面对未来几个月内要爆发战争的前景，勃洛姆堡和弗里奇提出了警告。他们原则上不反对吞并奥地利和捷克斯洛伐克，但是对冒险打一场全面战争犹豫不决。他们劝告希特勒不要把英国和法国列为敌人，并对帝国的备战状况表示担忧。

当讨论转向会议的初始议程上时——戈林不公平的原材料分配——勃洛姆堡和弗里奇非常激烈地抱怨，以至于希特勒的脸上露出惊奇和气馁。霍斯巴赫上校后来得出结论，他们在整个会议中的行为"一定使希特勒明白他的政策已经遇到了实实在在的反对，而不是支持和服从"。这次两位高级官员独立思考的表现令希特勒深感不安。在这样的时刻，勃洛姆堡和弗里奇——他们两个都是已故的兴登堡总统任命的——代表普鲁士贵族军事传统，它的特点是顽固的保守主义，对此希特勒私下里极端厌恶。但是这两个官员实际上经常相互攻击。

60 岁的勃洛姆堡个子很高、消瘦，喜欢交际，一直是希特勒在军队里最顺从的盟友之一。他对希特勒的忠诚充满奴性，故而军界的许多人称他为"橡皮狮子"。相反，弗里奇被他的下属当作廉洁诚实的典范。他 58 岁，站得像枪通条一样笔直。他对希特勒深恶痛绝，虽不露言表，却毋庸置疑。"我戴一个单片眼镜，"他曾经说，"因此当我面对那个人时我的脸一直得板着。"

除了这些差别，他们两个对希特勒都太小心翼翼。这次会议不是他们第一次显示缺乏气魄和决心。希特勒感觉他们一直在扩充军备上拖后腿，并且在 1936 年都建议他不要占领莱茵区。希特勒的勇敢在那天获得了胜利，并且当他的权力和自信急剧膨胀时，他感觉越来越瞧不起那些将军和其他保守主义分子，并且越来越不需要讨好他们。现在他准备对德国的邻国施加压力，希特勒需要的是不问是非的下属，他们能够充满热忱和全力以赴地执行他的侵略政策。

一个甚至比希特勒更急于摆脱勃洛姆堡和弗里奇的人提供了一个重组最高统帅部的机会。戈林在主管"四年计划"实施的过程中吃够了他们俩的苦头，但是他想的不仅是报复的事情。这位空军负责人想要得到勃洛姆堡战争部长的职位，这样他不仅能够控制空军还能打入德国国防军。为了达到这个目的，戈林特地导演了不是一个而是两个具有轰动效应的性丑闻。

勃洛姆堡是第一个牺牲品。作为一个鳏夫，他爱上了一个叫作埃娜·格鲁恩的年轻职业妇女并于 1938 年 1 月 12 日同她结了婚。虽然戈林掌握了柏林警察局给他的关于格鲁恩的惊人情报，他和元首还是亲自作为证婚人出席了在战争部举行的小型婚礼。格鲁恩曾经拍过色情照片并有卖淫的犯罪记录，作为贵族的勃洛姆堡毫不知情，他认为他娶了一个"人民的孩子"，他这样告诉希特勒。当婚礼结束 12 天后，戈林向希特勒揭发了这件事，这位从不关心他纳粹盟友私生活的元首现在假装表示怀疑。"如果一名德军元帅愿意娶个妓女，"他喃喃自语，"那么这个世上什么事都可能发生。"戈林用耸人听闻的情报攻击战争部长，勃洛姆堡深感震惊并主动辞职。戈林立刻转向对付弗里奇，作为陆军总司令，他是勃洛姆堡的合法接替者。弗里奇是个单身汉，不曾听说结交过什么女人，他便成为另一种目标。在党卫队和盖世太保头目海因里希·希姆莱的纵容下，戈林翻出一个男妓的旧案子，他指控一个叫弗里奇的陆军军官曾同他有同性恋行为。尽管戈林知道提到的这名军官其实是一个名叫弗里契的退休炮兵上尉（甚至名字的拼法都不同），但他还是诬陷这位将军。弗里奇要求一个军事法庭调查并最终被证明是清白的，但是已经太迟了。尽管明知是戈林的诡计，希特勒还是撤销了弗里奇总司令的职务。

2 月 4 日，元首宣布勃洛姆堡和弗里奇"因健康原因"辞职。希特勒挑选瓦尔特·冯·布劳希奇中将接替弗里奇陆军总司令的职务。布劳希奇出身于一个普鲁士军人家庭，能干又顺从。布劳希奇毫不迟疑地同意希特勒的要求，他让 16 个高级将领退休并把其他 44 个将军调走。新司令自己的私人问题有助于确保他对元首的忠诚。通过承诺向布劳希奇提供 8 万马克（合 2 万美元）以便他能够同他长期疏远的妻子离婚，希特勒使这位将军能够同他的情人结婚。元首时不时当着布劳希奇和其他官员的面提及这次经济资助。这位陆军总司令非常害怕，按照他的参谋长的话，他麻木地站在希特勒前面就"活像是站在指挥官面前的一名军校学员"。

希特勒还宣布了其他令人吃惊的事情。戈林被提升为陆军元帅但没有接替勃洛姆堡。这份荣耀落到希特勒头上，他废除了战争部长这个职位并任命自己为武装部队总司令。同时，希特勒让谨慎小心、65 岁的外交部部长牛赖特退休，元首的好战观念对牛赖特造成极大的刺激，最近已经使他多次心脏病发作。希特勒用善于阿谀奉承的里宾特洛甫替代了他，里宾特洛甫迅速让他的外交官们脱掉传统的礼服和条纹裤换上军装，并且让他的副手们在威廉街总部的庭院里按纳粹方式出操。

作为机会主义者，希特勒抓住机会打破了老贵族对陆军和外交部的统治并得以亲自控制。5 年前，他第一次同负责国家安全的守旧骑士们会晤，差不多 5 年后的这一天，希特勒摆脱了他们的束缚并准备释放第三帝国的新生力量。

2. "同一血统，同一帝国"

66 大斋首日"前不到 3 个星期，当大斋节灰色的帷幕将要降落在维也纳光彩夺目的社交生活上时，在赎罪节开始前，维也纳人正快乐地跳着华尔兹送别每个夜晚。1938 年 2 月 11 日星期五晚上，欢庆的中心是一个由"祖国阵线"发起的舞会，这个组织是奥地利独裁国家的主导力量。

奥地利总理、"祖国阵线"领导人库尔特·冯·许士尼格作为冲锋队的领袖身着出席正式场合的深蓝色制服。冲锋队是一个中坚分子的准军事组织，建立它是用来保卫许士尼格的政权，反击好战的对手。"祖国阵线"的徽章，一个类似十字军东征的十字架，在制服翻领和欢庆舞会周围的旗帜上闪烁飞扬。这位总理和其他宾客的外表丝毫没有暗示这将是这个阵线最后的欢庆，或者说奥地利赎罪的时间将不是持续几个星期，而是艰难的7 年。

但是当许士尼格扮演好客的主人时，他正使自己坚强起来面对他执政期间最严峻的考验。这次考验将会十分凶险，他坚持没有泄露半分。第二天早上，他将在阿尔卑斯山的别墅同阿道夫·希特勒会面，别墅距离边界非常近，奥地利的萨尔斯堡可以尽收眼底。

1938 年 3 月 15 日，在维也纳哈布斯堡王朝君主们曾经站立的地方，霍夫堡的阳台上，希特勒宣布奥地利并入德国。这次兼并使希特勒和他的奥地利党羽逐步破坏奥地利独立的活动达到了顶峰。

57

就在午夜前，许士尼格和他的外交部部长吉多·施密特离开舞会，表面上是赶当晚开往因斯布鲁克的火车到蒂罗尔度周末。他们带着滑雪板坐上火车。但是一到萨尔斯堡，他们的车厢脱离火车并移到一条侧线上。在那里，这两个人等候早上乘车前往元首别墅——伯格霍夫。

希特勒和许士尼格共同关心的问题将成为这次会议的主题，那就是兼并奥地利的想法，或者说是联合——奥地利同第三帝国联合，一个德语国家和另一个德语国家联姻，古老帝国的首都维也纳同新帝国首都柏林的联姻。许士尼格知道纳粹认为联合是不可避免的，但他来伯格霍夫旨在反对联合，请求德国遵守1936年承诺尊重奥地利独立的保证。如果希特勒能终止奥地利非法的纳粹党的敌对活动——包括就在一个月前揭露的一起政变企图，他准备向希特勒做出让步。

希特勒早在14年前就在《我的奋斗》的开头鼓吹他对奥地利的意图。他出生在位于奥地利边境的布劳瑙，他认为在这儿出生是上帝的安排。他写道："这个小镇位于两个德语国家的边界线上，至少我们年轻的一代已经把尽一切力量重新统一这两个国家作为我们毕生的目标。德意志人的奥地利必须重回德国伟大母亲的怀抱。同一血缘需要同一个帝国。"希特勒根本不承认负有任何责任限制他在奥地利的支持者，反而计划向许士尼格施压恢复纳粹的领导地位并催促尽快实现维也纳同柏林步调一致。希特勒明白，在奥地利问题上的一次外交胜利也能有利于他在国内的利益，可以转移一些人的视线。他们最近对希特勒清除军队和外交部的保守分子感到十分不安而且反对他的侵略野心。

但是，希特勒和许士尼格之间的争论远不是一个有野心而另一个反对那么简单。每个人带来的议程都饱含着几百年的历史，在几个世纪里，这两个国家的关系时冷时热，他们不是在激烈地争吵就是在热切地尝试和解。正如两位领袖知道的那样，建立一个自由并和睦的联盟的时代已经一去不复返了。两个国家是否仍保持一种疏远的关系，或者像最近事件显示的那样，这次历史性的会晤是否将以一个吞食性的最后拥抱结束，还得拭目以待。

对于纳粹来说，兼并奥地利的观念有深刻的历史根源。后来我们知道的德国和奥地利曾在第一帝国时期——德国国王奥托一世于 10 世纪建立的神圣罗马帝国——统一过，他宣布继承了法兰克征服者查理曼的衣钵。奥托的领地包括欧洲的绝大部分——从波罗的海经阿尔卑斯山地区和多瑙河盆地向南一直到意大利中部。一些人认为这为希特勒的领土野心树立了先例。但是被纳粹思想家视为骄傲的第一帝国是一个建立在薄弱基础上的糟糕建筑。帝国的天主教会和诸侯们经常对奥托的继承人发起挑战。这个继承权落到了统治奥地利的哈布斯堡家族头上。这个家族在 15 世纪继承了这个衰落的

帝国，并通过一系列的联姻来重振和扩大帝国。在这个
过程中，哈布斯堡王朝的首都维也纳，曾经是罗马帝国
时期一个受到野蛮人掠夺的萧瑟的边远城市，逐渐在文
化和艺术方面能够与巴黎媲美。

哈布斯堡家族并不一直是他们领土的统治者。在
基督教改革运动中，他们下令奥地利和匈牙利的属民效
忠于罗马教廷但遭到了德意志新教徒的反对——种种迹
象表明维系德国和维也纳的语言和风俗纽带其实非常脆
弱。18 世纪，德意志人无视哈布斯堡统治者，建立了
普鲁士，普鲁士的统治者自立为王，有资格同奥地利统
治者平等地进行谈判。尽管两个国家联手反对拿破仑并
一直是盟友，但是到 1814 年威胁解除时，普鲁士的野
心就同奥地利的帝国要求产生了激烈的冲突，并终于在
1866 年摊牌了。那时普鲁士与新近统一的意大利结成
联盟，赢得了对奥地利及其附庸国汉诺威和巴伐利亚王
朝的"七周战争"的胜利。这次胜利导致了一个强大的
普鲁士－德意志帝国——即第二帝国——崛起，希特勒
就是视这个第二帝国为他纳粹帝国的直接榜样。

这时维也纳比起柏林来远为逊色，它正力图适应
衰弱了的实力。1867 年，哈布斯堡王朝统治区重新正
式定名为奥匈帝国，这一妥协安抚了焦躁不安的匈牙利
人，但是无法满足帝国其他不服的种族的要求，主要是
捷克人和塞尔维亚人。德国的语言和文化在维也纳和周
边地区仍旧起到主导地位，但是德意志奥地利人感到被

少数民族所包围，对自己的种族身份不再那么肯定了。

在首都的有些地区，帝国临近黄昏时的余晖转移了人们的注意力，使他们看不见日渐扩大的裂缝。19世纪后期的维也纳是个充满创造活力的地方——是心理分析家西格蒙德·弗洛伊德、画家古斯塔夫·克里姆特、作曲家古斯塔夫·马勒和约翰·施特劳斯的故乡。戏院和咖啡馆从没有像此时这么拥挤，对于艺术和新思想的讨论从没有像此时这么激烈。但有些思想是有毒的，它们的毒素将在下一个世纪以令人吃惊的致命速度扩散。

奥地利在1866年遭受到的失败对年轻的德意志奥地利人是个沉重的打击，他们想从胜利者那儿得到领导。他们接受泛日耳曼主义，即建立一个规模更大的帝国，把奥匈帝国主要是由德意志人居住的地区与德国皇帝的德国统一起来。这一主义使1907年移居到首都去的一名年轻的奥地利人欣喜若狂。"当我来到维也纳时，"希特勒在《我的奋斗》一书中回忆说，"我是全身心地支持这种泛日耳曼主义倾向的。"身为大地主煽动家的乔治·冯·舍内雷尔为泛日耳曼主义招兵买马，招募了希特勒和其他的奥地利人。舍内雷尔给泛日耳曼主义加进了对工人权利的要求使其更吸引人——同时又加进了宗教和种族的偏见又使其令人厌恶。他还把愤怒发泄在基督教徒身上：他坚持说如果他们不背弃罗马并接受普鲁士的新教就成不了真正的德国人。但是，舍内雷尔最尖锐的言语还是留给了犹太人。他在1885年宣称，除非"把犹太人的影响从公众生活的各个领域里加以清除",否则他的民粹主义的改革是无法实现的。

有些人嫉妒在奥地利取得辉煌成就的犹太人,对这帮人来说,这样的言论极具吸引力。解放对于哈布斯堡王朝的犹太人来说迟迟才来到;直到 1867 年颁布了新宪法,他们才获得全部的公民权利。但是一旦排除了障碍,犹太人就聚集到维也纳,充分利用那里的教育和就业机会。这个都市的犹太人口从 1860 年的 6000 人增加到 1900 年的 14.7 万人,即几乎占其全部人口的 9%。到 19 世纪 80 年代,这个城市超过半数的律师和医师是犹太人,而且犹太人经营着主要的银行和商场。

这时候取得成就是件危险的事。维也纳的手工艺者正输给规模生产的制造业者;零售商无法同百货公司竞争;城郊汇聚的廉价劳力使工资水平一直很低。那些受到威胁的人把这些归罪于富裕的犹太人是再容易不过了。因此,犹太人作为一个群体受到一系列令人晕头转向的罪状的指控:反动分子指责他们是革命者;失意的商人谴责他们是资本家;泛日耳曼主义的倡导者则把他们看作种族污染物。

与此同时,奥地利的天主教狂热信徒又恢复了古代对犹太宗教仪式的诽谤和攻击。一名天主教神父指控犹太人杀死天主教徒,用他们的血作祭祀。另一名神父写了一部小说,预言每天绞死上百名犹太人直到维也纳没有犹太人为止。他的想象不是没有根据:在奥地利嘈

1929 年的一次工匠游行，柔软头梳和扇子制造者们在维也纳议会前为一群仰慕他们的人表演。

维也纳最后的华尔兹

两次世界大战期间的维也纳是一个注定要惹来麻烦的城市。1918 年奥匈帝国战败后，只给这个辉煌灿烂的首都留下了一小部分前奥匈帝国的领土以及沉重的经济萧条和政治骚乱。但是，维也纳人确实尽最大努力忘掉这个现实，并且继续追求他们已经习惯的优质生活。

这个国际大都市，莫扎特、海顿和施特劳斯的故乡，向 200 万市民提供了丰富多彩的文化生活。人们成群结队去看歌剧、听交响乐和欣赏戏剧表演。他们彻夜地在舞厅和高雅的舞会上跳华尔兹和狐步舞，或挤在烟雾缭绕的酒吧，或在文艺晚会上辩论。

体育运动令维也纳人着迷，维也纳的年轻人精力旺盛地进行足球、田径、游泳和其他体育比赛。同时，许多市民满足于在他们最喜爱的咖啡店或徒步穿行于散发着松香的森林来消磨时间。其他人仅仅就是对处在维也纳广阔的公园、林荫大道、神话般的多瑙河以及装饰华丽的建筑那令人陶醉的美景里也感到快乐。

但是，一些事件注定要破坏维也纳的休闲生活。希特勒已经决定把这个国家吸纳进第三帝国，而持续了 6 个世纪的哈布斯堡王朝的继承者们太脆弱，根本无法抵抗。

杂、效率低下的议会里，一些激进的反犹太分子站起来要求悬赏捉拿犹太人，而其他煽动仇恨者在他们的表链上刻印记——一个套上绞索的小犹太人——来宣扬他们的仇恨。这些都没有逃过希特勒的眼光，他一生都怀有各种臭名昭著的反犹态度。他祖国长期存在的这些思潮后来帮助他在那里赢得了支持者。

1914 年因哈布斯堡王朝皇储弗朗兹·斐迪南遇刺而引发了第一次世界大战，奥地利和德意志参加了这场最后导致他们帝国覆灭的战争。1918 年，由于哈布斯堡王朝战败覆灭，伍德罗·威尔逊总统呼吁"让奥匈帝国的人民自治发展"。这个承诺被这个帝国愤怒的少数民族和野心勃勃的邻国所利用。前哈布斯堡帝国领土的一部分成立了新的国家——捷克斯洛伐克和南斯拉夫。其他地区或是被波兰重新收回，或是被并入罗马尼亚和意大利。一个缩小的匈牙利只能独立。至于奥地利本身，法国总理乔治·克列孟梭作了精辟的概述。他说："剩下的就是奥地利。"

所剩无几。一个曾拥有 5400 万国民的帝国缩小成一个仅有 650 万人口的国家——其中 200 万人住在维也纳，那里仍然有一个臃肿和开支巨大的官僚机构。在战争结束时，奥地利有 23.3 万名国家公务员以及大约 40 万名工作人员的家属——将近国家人口的 1/10。他们对一个失去了绝大部分自然财富的国家来说是个极大的负担，这个老帝国的煤炭储藏现在属于捷克斯洛伐克，它最富饶的农田属于匈牙利。

让奥地利公民聊以自慰的是,他们是文化上统一的国家。由于割让了它的多种族省份,这个新国家德意志人占压倒性多数。但是,这种同一种族的认同造成了奥地利进退两难的局面。

现在的奥地利人感觉同德国合并是天经地义的,这种感觉甚至超过了战前。然而德国即使在战败后,仍然是一个拥有6000万人口和巨大潜力的国家。由于奥地利要想在不被吞并的前提下同它北方的巨人达成合解,这就需要柏林和维也纳之间建立空前的信任关系。一战刚结束,这种友好关系就显现出来了。奥地利和德国建立的共和国都受社会民主党控制。奥地利战后第一位总理、社会党人卡尔·雷纳,呼吁奥地利和德国合并。但是他的努力在1919年失败了,战胜国强迫这两个国家签订和约禁止它们在经济和政治上的合并。

奥地利共和国不得不自力更生,面临与德国同样的问题,而这些问题导致了希特勒的崛起。奥地利社会民主党领导下的经济发展停滞不前,1920年他们失去了国会的多数党地位。他们再也没有获得统治全国的机会,但仍是一支强大的反对力量。接下来10年的绝大部分时间中,奥地利政坛的主要领导人是莫西格纳·伊格纳兹·赛佩尔,一个天主教神学者、奥地利保守的基督教社会党的领导人。作为总理,1922年赛佩尔通过国联担保的巨额贷款恢复了奥地利的国库。但是作为回报,他不得不

　　遵守一个古老传统，一个年青姑娘乘坐鲜花装饰的马车到达普拉特娱乐公园庆祝她的天主教坚信礼。2000英亩的普拉特公园是维也纳的娱乐中心———一个大操场包括划时代的摩天轮、咖啡馆、啤酒花园、一个赛马场、一个马球场以及宽阔的森林和沼泽地。

　　巴伦·阿尔弗斯·罗斯柴尔德，奥地利著名的欧洲银行业家族的后裔，牵着1932年赛马大会的获胜者环绕布拉特的弗罗因登瑙赛马场庆祝胜利。每年在弗罗因登瑙赛马场举行300多场比赛。这里是维也纳精英们最喜欢聚集的场所，赛马大会是那个社会时期最精彩的场面。

1929年，两个维也纳妇女牵着她们在维也纳施特劳斯娱乐场举行的一次狗展上获奖的俄罗斯狼犬。每年，这个巨大的娱乐场是举行眼花缭乱的盛会的场所。

　　一支军乐队在维也纳郊区毛尔的教会节上演奏。举行这个节用以对教会的守护神表示敬意，教会节以音乐和跳舞为特色，还有经过装饰的货摊出售糖果、玩具和纪念品。

正式宣布放弃仍然流行的德奥合并的思想并且强制采取紧缩措施，使上万名国家公务员失去了工作。

这些补救措施并没有使赛佩尔在奥地利深得民心，而且奥地利联邦各州持续恶化的紧张关系增加了他的工作难度。例如，位于东南部的斯蒂利亚州，一战结束时曾向南斯拉夫割让领土，那里的保守分子们梦想建立一个专制的泛德意志帝国。与此相反，维也纳市政地区仍然是社会党人的堡垒。

相互敌对的准军事组织的可怕增长最形象地表现出共和国的党派之争。战胜国已经限制奥地利常规军队的规模是 3 万人——这支军队一开始就是争执的核心问题。1919 年，雷纳的社会党人操纵这支队伍镇压了一次起义。后来，赛佩尔的保守派把社会党人从所有军队的指挥位置上驱逐了出去。这一行动得罪了社会民主党人，他们不甘示弱，建立起了他们自己的非正规部队，即"党卫队"。与此同时，极端保守主义者的好战团队正在全国范围内形成，以对付左派的挑战。这些被称为自卫队的部队在 1927 年联合并入一个全国性的自卫队之前相互间不时发生争斗。这个反动的自卫队中许多人从意大利的独裁者墨索里尼那里得到鼓舞。但是其他人更加偏爱奥地利出生的希特勒，他在德国取得政权和创建一个帝国的运动不断吸引来自他出生地人们的关注。

尽管自卫队里出现了这样的支持者，但是在 20 世纪 20 年代后期奥地利纳粹党仍然缺乏它德国同类的活

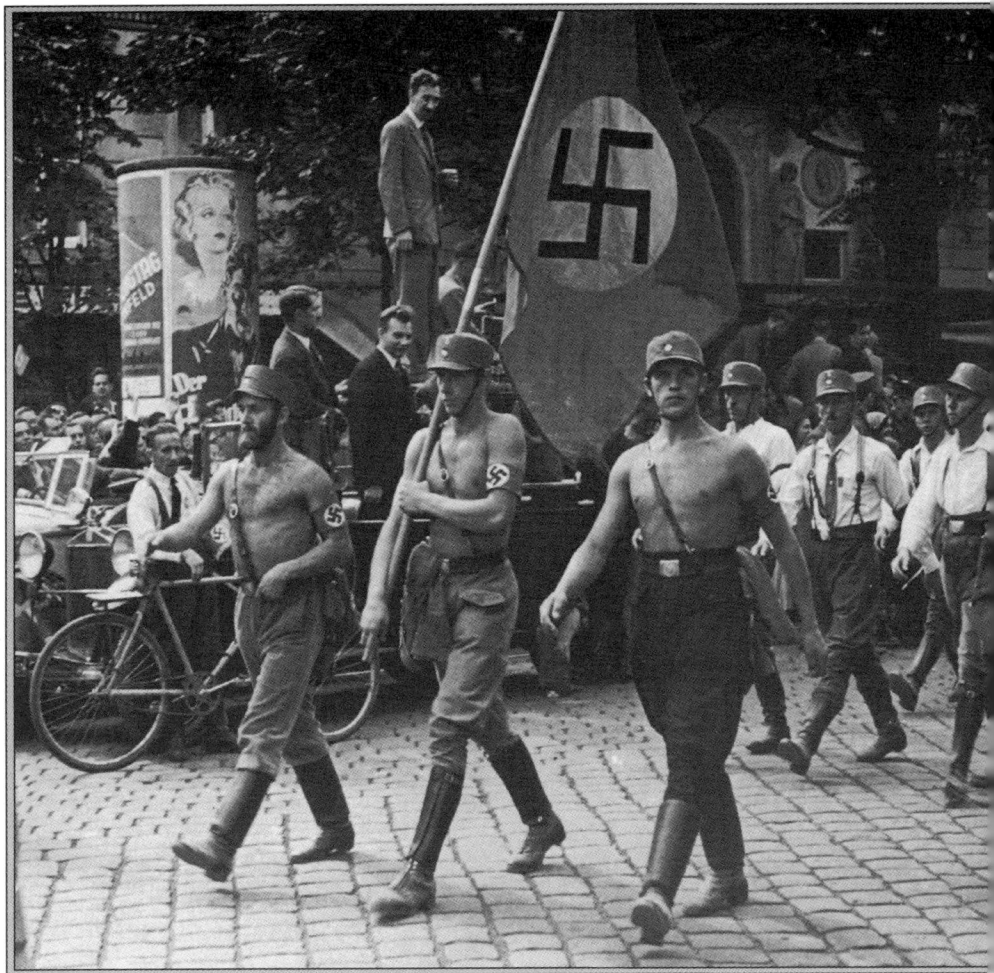

力。这非常具有讽刺意味，因为一战结束时国家社会主
义就诞生在奥匈帝国。1918 年 4 月，在苏台德地区一
群人宣称成立了德意志国家社会主义工人党，以抗议把
这个地区划归捷克斯洛伐克。该党的领袖沃特·里尔
律师竭力宣扬苏台德地区应该宣布是一个独立的德意

1933 年，不穿衬衣的冲锋队员们率领他们的同党穿过维也纳，抗议不准穿纳粹制服的禁令。这种效法德国纳粹早期的游行行为，反映出奥地利纳粹党是受柏林暗中操纵的。

志国家，最后并入一个更加强大的德意志帝国。同样具有泛日耳曼运动反犹思想的里尔的政党比希特勒在慕尼黑建立的纳粹党还早成立 9 个月。这两个政党在一段时期内并驾齐驱。为了拓展，里尔把基地迁到维也纳，到 1923 年已经发展了 3.4 万名党员。在那一年的选举中，在希特勒少年时代的家乡林茨，该党获得了 8% 的选票和市议会的 4 个席位。同年 8 月份，在萨尔斯堡举行的国际纳粹大会上，当希特勒放弃政治运动支持武装暴动时，里尔同他的关系破裂了。里尔辞去了党主席的职务，奥地利的纳粹党陷入混乱之中。

里尔的继任者卡尔·舒尔兹认为，他的党可以同德国伙伴追求一样的目标并继续保持独立性。这一想法令希特勒感到厌恶，他在 1925 年的一次商谈中向舒尔兹发泄了不满。"整个会谈都是希特勒在说话，"舒尔兹后来写道，"再小的异议他也要用长篇大论来回答。两小时的会谈结束后，我依然没有任何机会听到希特勒希望奥地利人应该如何行动的具体指示。"舒尔兹很快发现希特勒希望得到

奥地利右翼散播的一张海报，一个犹太人和三支箭构成的漫画，三支箭是社会民主党的标志。反犹主义在奥地利非常盛行，20 世纪 20 年代社会民主党人也利用反犹主义，造成成千上万的犹太人被驱逐出社会民主党。

奥地利支持者的绝对忠诚。1926 年，这位德国领袖宣布在奥地利成立"希特勒运动"，由无条件绝对忠诚的人组成。奥地利纳粹党中的权力斗争对工作造成了破坏。1928 年后期，舒尔兹党的成员只有 6274 人，他们挑战性地不穿褐衫而穿灰衫；"希特勒运动"宣称仅有 4446 人。但是，由于经济大萧条的作用，形势发生了戏剧性的转变，希特勒在奥地利的支持人数急剧增长，超过了舒尔兹党的人数。

奥地利同德国一样，大萧条进一步削弱了早已动摇的民主制度而加强了极权主义的力量。1931 年初，维也纳政府为了恢复经济接受德国的建议，即两个国家组成一个关税联盟，取消两国之间的关税壁垒。但是法国谴责这个计划违反 1919 年条约的规定，而且忧虑的投资者开始从罗斯柴尔德家族创立的奥地利信贷银行提出存款，这家银行是奥地利许多小型银行的支柱。最终，信贷银行倒闭了，建立一个关税同盟的计划也流产了——这对奥地利政府来说是一次惨败，对纳粹批评家来说是件好事。在表面上是红色的维也纳，一个同德国保持密切关系的纳粹组织利用危机煽动首都的失业大军。在那里，纳粹党员人数迅速增长，从 1930 年可怜的 600 人增加到 3 年后的 4 万人。受到这些成绩的鼓舞，纳粹党徒梦想接管奥地利来完善希特勒于 1933 年初在德国实现的目标。但是他们首先不得不面对一个敌人，这个人的狡猾丝毫不比希特勒逊色，并且强烈地支持奥地利独立。

1933 年 2 月，当希特勒的成功在奥地利全境引起巨大反响时，这个国家的新总理恩格尔伯特·陶尔斐斯正在盘算自己的大胆行动。作为一个出身农民家庭的矮小男人，50 岁的陶尔斐斯高傲、勇敢，一战期间曾在意大利前线的作战中表现杰出。作为基督教社会党的一员，当 20 世纪 20 年代极端主义者逐步破坏塞佩尔总理的政权时，他怀着惊恐的心情观察着。如果有必要，陶尔斐斯现在准备采取激进措施保护他的政府防止对手的颠覆，无论是纳粹党徒还是极端分子。他选择了一个 35 岁、同他一样是激进天主教徒和保守分子的律师——

奥地利的墙壁艺术敦促奥地利人"划清界限"反对纳粹的恐吓："捍卫你的土地、你的家园和你自己。"这样的警告在 20 世纪 30 年代初变得非常紧迫，当时纳粹煽动者经常使用暗杀和爆炸的手段，使用的炸药是从德国偷运来的。

接受过耶稣会教育的库尔特·冯·许士尼格——作为司法部长，从许士尼格冷冰冰的学者风范中，看不出他会随时准备严厉整治政治异见分子。陶尔斐斯提升自卫队总司令恩斯特·鲁迪格·冯·施坦勒姆贝格为副总理，更加清楚地表明了新政府的强硬立场。这位多变的总司令曾经追随过希特勒，参加过 1933 年希特勒在慕尼黑发动的失败暴乱，但是此后他还是选择在奥地利的政治构架里活动，虽然都是采取阴谋和专横的方式。

1933 年 3 月，一场议会危机为陶尔斐斯提供了一个采取行动的借口。在一场暴风雨般的会议中，3 个会议主持人一个接一个地辞职，会议结束后，陶尔斐斯拒绝批准议会再次召开会议。在接下来的几个月里，他对纳粹的暴行做出反应，下令禁止纳粹的所有活动并且宣扬他的新"祖国阵线"是这个国家唯一的合法政党。意识到希特勒企图吞并奥地利，陶尔斐斯从墨索里尼那里寻求帮助，墨索里尼答应支持奥地利，但是要求"祖国阵线"应该控制这个国

一张纳粹海报描绘陶尔斐斯总理是一个穿花衣服的吹笛手，带领三个魔鬼——残忍（最高处）、谎言和谋杀。纳粹害怕陶尔斐斯准备对抗他们的威胁。

在一次重要的国事会议中，陶尔斐斯手拿帽子同他的内阁成员站在一起，包括司法部长库尔特·冯·许士尼格（最左边）。批评家们借用一个具有崇高威望的早期奥地利政治家的名字，嘲笑5英尺高的陶尔斐斯是微型梅特涅。

家并镇压社会民主党人。陶尔斐斯急切地表示同意。9月份，陶尔斐斯出现在一群身着自卫队制服和奥地利农民装束的群众所举行的欢庆集会里并发表演讲，他宣布解散议会并公开抨击社会民主党人是现代的反基督者。他煽动性的言语进一步把左派推向了敌对面，左派早已对他对施坦勒姆贝格和自卫队的赞美感到震惊。

陶尔斐斯私底下仍然希望安抚社会民主党领导人，希望他们能够支持他的政府对抗纳粹党越来越严重的威胁。但是自卫队和社会民主党的党卫队之间的旧有矛盾不断升级，超出了他的控制范围。矛盾在1934年初终于公开化了。2月11日，陶尔斐斯的安全秘书和维也纳自卫队司令艾米尔·费少校通知他的手下，"明天我们将采取行动，而且我们必须干得完全彻底"。第二天，林茨的自卫队部队就动手了，逮捕了社会民主党领导人并占领了武器储藏库。这次行动引发了维也纳社会民主党人的起义，陶尔斐斯派遣正规部队把起义镇压了下去。战斗的第二天晚上，司法部长许士尼格在一次电台广播中抨击这些叛乱者是"必须从这个国家驱逐出去的残酷贪婪者"。一些社会民主党人的确逃往捷克斯洛伐克，但是他们的大部分追随者仍在坚持战斗，进行虽然无效但是激烈的抵抗。社会民主党人的大本营被由炮兵支援的两个步兵营围困，但是他们在举起白旗前坚持抵抗了3天。通过2月的枪战，社会民主党人作为一支武装力量被消灭了，他们也不再成为维也纳的一支政治力量。

对于陶尔斐斯来说，这是一次皮洛士式的胜利。不仅没有巩固他的地位，这次冲突还将他投入更大的危险中。希特勒在维也纳的党羽嗅到了血腥的味道，由于他们天然的左派敌人受到了严重的削弱，因此他们准备卷入这场杀戮。奥地利的纳粹党缺乏准军事部队对抗自卫队。尽管他们拥有相当规模，但是难以约束的冲锋队小分队，根本没有希望在社会民主党卫队失败的地方取得胜利。奥地利纳粹党只能依赖一支由德国党卫队武装和组织的攻击部队——这支部队得到了奥地利军队、自卫队和维也纳警察里的支持者的援助——发动一次政变。希特勒总体上批准了这个计划。这次攻击定于7月25日中午在联邦总理府捉拿陶尔斐斯和他的内阁成员。

但是，在行动前几个小时，维也纳警察部队的一个纳粹同谋者约汉恩·多布勒改变了主意并在一个咖啡店把阴谋的细节脱口告诉了他的熟人。消息迅速传到了费少校那里，他最近被解除了国家保安司令的职位，但仍指挥着维也纳自卫队。费浪费了宝贵的时间去查证这个报告，直到中午前才向总理发出警告。陶尔斐斯解散了他的内阁会议但仍留在总理府。几分钟后，党卫队第 89 旗队的 150 名突击队员草草伪装成警察和士兵，乘卡车到达总理府的外面。陶尔斐斯的新任保安司令埃文·卡温斯基男爵同他在一起，他立即识破了这个阴谋。"这些'士兵'显然穿戴有问题，"他指出，"一些人拿步枪，一些人拿手枪；一些人有枪带，一些人没有。好几个人用带子把枪吊在脖子上。"但是已经没有办法

陶尔斐斯的尸体停放在沙发上，纳粹突击队员冲进总理府后把他放在那里。在他死前，陶尔斐斯——曾经研究过神学——对杀害他的人说了一句类似祝祷的话："孩子们，要善待对方。"

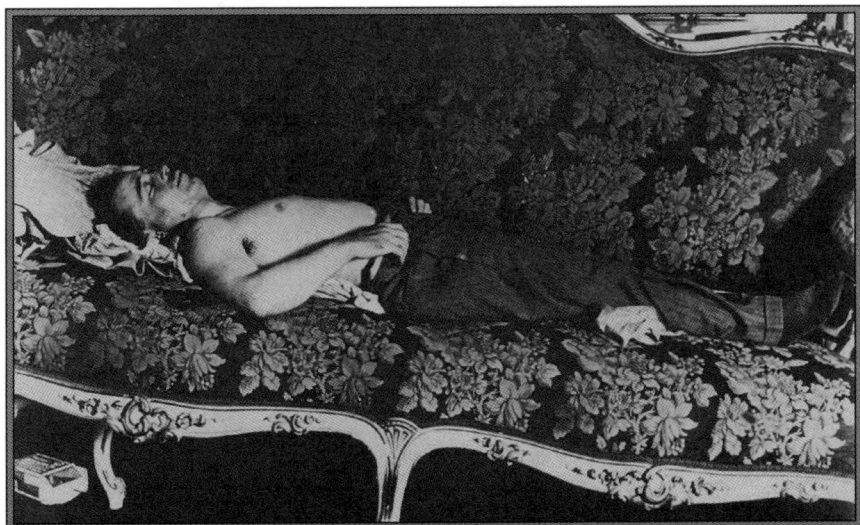

对付这次草率的政变。令人不可思议的是，总理府的警卫是纯属仪式性的——他们没有携带弹药。纳粹们迅速控制了总理府。

在最后时刻，陶尔斐斯试图通过一个侧门逃跑，但门被锁上了，转过身，他遇到了奥托·普兰尼塔指挥的一群党卫队士兵。一战期间普兰尼塔曾经与陶尔斐斯在同一个团服过役。普兰尼塔近距离开了两枪，击中了陶尔斐斯的腋窝和脖子。开枪射击显然是一次有预谋的行为，尽管纳粹后来宣称普兰尼塔是由于冲动才开枪。反叛者将总理平放在一个沙发上，他受了致命伤但仍然有知觉。陶尔斐斯要求找一个牧师来，但是他的逮捕者拒绝了他的要求并斥责他背叛希特勒。仰视着这些年轻的审问者，陶尔斐斯用一个被遗弃老者的厌倦语气回答他们，"孩子们，要善待对方"。几个小时后，他死了。

占领总理府是奥地利冲锋队以及军队和自卫队中的纳粹党羽开始发动叛乱的信号。但是褐衫队退缩了，不愿用他们的脑袋为他们的党卫队对手冒险，奥地利军队里的潜在叛乱者们拒绝卷进去，感觉这次政变已经出了问题。受到陶尔斐斯的警告，绝大部分内阁成员已经逃到国防部，在那里他们召集部队回击叛乱者。到黄昏时，总理府的党卫队员们投降了，其他的同谋者——包括占领电台的一群人——也被逮捕了。在接下来的几个星期里，政府逮捕了数千名奥地利纳粹党徒。对于希特勒来说，这是一次惨重的挫折。当他听说墨索里尼的反应时，他打消了任何企图利用刺杀陶尔斐斯事件的想法。当政变开始时，这位意大利领袖正在他亚得里亚海边的别墅里招待陶尔斐斯的夫人及两个孩子。他紧急调动 5 万人的部队前往奥地利边境，并威胁说，如果德国入侵奥地利，他们将越过边境。

7 月 30 日，奥地利的新总理许士尼格率领政府高级官员来到维也纳圣斯蒂芬教堂为陶尔斐斯进行安魂典礼。在教堂里，士兵们跪在他们的机枪旁，两队手持卡宾枪的士兵站在走廊两侧。对于一个自始至终处于敌对势力重围下的政权来说，这是一个合适的开端。这次流产政变后，许士尼格公布了一个新的宪法，但是他并不想恢复民主制度。"祖国阵线"依然是奥地利唯一的合法政党，许士尼格认为，在政治领域它可以发挥温和但却绝对权威的作用，就像天主教会在精神领域里发挥的作用一样。这种执着的态度使许士尼格同希特勒疏远了，因为希特勒蔑视天主教会。但是，两个人对日耳曼传统有共同的强烈自豪感。作为哈布斯堡王朝一名将军的儿子，许士尼格怀念神圣罗马帝国的历史——他称之为一个"伟大的文明设计"。这样的情感促使他希望同第三帝国和解，虽然他不信任这个帝国的元首。猜想奥地利的新总理会对外交上的主动做出反应，希特勒机敏地派遣德国天主教中心党前成员弗朗兹·冯·巴本作为驻维也纳大使。巴本起初没有任何进展，但是一系列事件迫使许士尼格同德国展开谈判。1935 年春，当意大利、法国和英国成立所谓的"斯特莱莎阵线"对抗任何德国发动的侵略时，它们支持奥地利保持独立。但是，当意大利入侵埃塞俄比亚时，这个阵线在当年秋天解体了。以后，墨索里尼越来越盼望得到希特勒的支持。这种转变给狡猾的施坦勒姆贝格带来了麻烦，他作为许士尼格的副总理一直在拉拢墨索里尼。1936 年春，许士尼格撤掉了这位总司令。通过加强奥地利常规部队并建立一支精锐保安卫队——蓝衣突击队，许士尼格想方设法填补失去施坦勒姆贝格的自卫队的空缺。

许士尼格相信他必须同德国达成谅解。7 月份，他同巴本达成了一个协议。表面上看，这似乎是一个平等条约：德国承认奥地利的全部主权并宣布奥地利纳粹党的未来是奥地利的内部事务，德国不会干涉。奥地利承认它是一个"德意志国家"并暗示它不会参加任何反德联盟。但是，这些承诺外还有未公布的条款，其中之一构成了一个主要的妥协。奥地利答应赦免所有政治犯，而且在两个星期内，大约 1.7 万名纳粹党徒被释放了。同一条约中要求许士尼格的政府成员中要包括"国家反对派"，这一条款使纳粹党徒有可能加入进许士尼格的核心圈里。

这个有问题的条约为 1938 年 2 月许士尼格和希特勒在伯格霍夫举行会晤奠定了基础。1936 年，一些从奥地利监狱释放出来的纳粹党徒参与了新的颠覆活动，包括炸弹爆炸和威胁许士尼格的生命安全。与此同时，柏林发出信号表示，希特勒尊重奥地利主权的保证是一张空头支票。为了执行 1937 年 11 月霍斯巴赫会议的精神，在这个会议中，希特勒告诉他的助手们他希望吞并奥地利，赫尔曼·戈林展开了一场针对个人的恐吓行动，意在不通过战争诱使奥地利官员屈服。这个月，外国客人来到柏林郊外戈林的狩猎别墅卡林霍尔参加一个体育博览会，他们注意到那里的一面墙上画着一幅巨大的世界地图，地图上略掉了德国和奥地利之间的边境线。当奥地利外交部部长吉多·施密特提出这个问题时，戈林解释道："好猎手不知道有什么边境。"

戈林对另一个奥地利客人，位于边境的上奥地利州保安司令皮特·勒文特拉更加直接。戈林肯定地对他说，奥地利对于德国的入侵将无能为力。他继续说，如果维也纳同意合并，那么这个首都能够为德国人民提供一个"巨大的领导人物贮藏库"，并且维也纳将成为"第三帝国的文化和艺术中心"而辉煌灿烂。勒文特拉乘坐下一班火车回到维也纳向许士尼格汇报了这次谈话。戈林甚至向他透露了德奥合并的计划时间：1938 年春。

戈林定下的期限并不是恐吓。当国际形势有利时，无论有或者没有奥地利的合作，希特勒都抱定决心要迅速取得统一。法国政府严重分裂并且很难对德奥合并实施有效的扼制。尼维尔·张伯伦首相领导的英国为了避免战争正计划向德国做出新的外交让步。一直以来，对手挥动橄榄枝只能鼓励希特勒推行他的侵略计划。墨索

里尼对德奥合并的反应让人感到棘手。尽管近期两个独裁者之间关系和睦，但是希特勒没有得到保证墨索里尼会接受德国占领意大利的北部邻国。为了扫清道路，希特勒准备承认意大利对南提罗尔享有主权，这是一战后意大利从奥地利抢来的一个绝大多数人说德语的地区。

如果希特勒的外交战略是清晰的，那么他计划占领的战术还远没有制定好。他面前有各式各样的选择。巴本支持一个渐进的方法，包括迫使许士尼格同一些不

穿制服的自卫队队员。这是一支忠于陶尔斐斯的准军事部队，押着7月25日政变期间占领维也纳电台的纳粹暴徒。反叛者们广播了一个虚假的报道：陶尔斐斯已经辞职并让位给了安东·林特伦。他是奥地利驻意大利大使，也是一名纳粹支持者。

太极端的奥地利纳粹党人分享政权，直到他逐渐变质的政权同意合并。但是巴本的建议被奥地利激进的纳粹党人否决了，他们正酝酿一个符合希特勒时间表的阴谋。他们为 4 月份制订的方案包括纳粹伪装成铁卫军成员谋杀一位德国主要官员。铁卫军是一个保皇派的团体，他们立志要让流亡的哈布斯堡王储阿切杜克·奥托重新掌权。希特勒憎恨哈布斯堡家族，视他们为德国民族主义的敌人，多次声明不能容忍这样一种复辟。这个阴谋将为他的侵略提供一个借口。谋杀的候选人是巴本本人。这位大使非常幸运，维也纳警方在 1938 年 1 月中旬揭露了这个阴谋。这次揭露使巴本以及他的外交提议都暂时得救了。希特勒对奥地利激进分子的拙劣行为勃然大怒，然后让巴本邀请许士尼格于 2 月到伯格霍夫举行一次首脑会晤。

为了寻求抵制纳粹颠覆和入侵的双重威胁，许士尼格非常不情愿地接受了邀请。他希望通过向希特勒作进一步让步，能得到对奥地利主权的有效承认。在离开维也纳前，他列出了一个他准备最大限度让步的单子。他得到了阿瑟·赛斯－英夸特的帮助，赛斯－英夸特是一个支持纳粹的泛日耳曼主义律师，作为一名反对派成员加入政府。许士尼格对赛斯－英夸特出谋划策是信任的，因为他视赛斯－英夸特为那些希望奥德关系更密切而又不完全出卖国家的奥地利人的代表。赛斯－英夸特立刻背叛了这种信任，把这些让步通知了柏林。这样希特勒就提前知道许士尼格准备退让多少，了解这些鼓舞希特勒要求得到更多而根本不予回报。这个悲哀的插曲概括了奥地利的命运。德奥合并的理念浮沉很长时间后，这个国家正被自己阵营的阴谋者们推到祭坛上，隐约可见的仪式看起来不像一次婚礼倒更像一次祭祀。

2月12日上午9点半，许士尼格总理和外交部部长施密特在萨尔斯堡离开了他们火车的卧铺车厢，乘坐轿车前往伯格霍夫同希特勒谈判。他们在边境受到了兴高采烈的巴本的接待，巴本通知他们3名德国将军刚到达并同元首会面。希特勒从没召集过一个如此可怕的3人小组——瓦尔特·冯·赖谢瑙，第四集团军司令和日耳曼扩张主义的拥护者；威廉·凯特尔，德国国防军最高统帅部司令；雨果·斯比埃尔，巴伐利亚德国空军司令和前"神鹰军团"指挥官，"神鹰军团"在西班牙的作战令世界震惊。巴本向许士尼格保证将军们在这天出现完全是巧合。许士尼格基于礼仪考虑，选择接受了这种威胁并继续前行。这次行程的最后一段，是乘坐一辆半履带侦察车开上冰雪覆盖的山坡前往希特勒的别墅，许士尼格看到元首党卫队的新兵营——这些卫兵许多是来自奥地利的新兵。

希特勒身穿褐色大衣、佩戴纳粹党徽臂章，在伯格霍夫宽阔的屋顶上接待他的客人。把奥地利人介绍给3个将军和他的外交部部长冯·里宾特洛甫后，元首把许士尼格拉到一边并把他带到希特勒在二楼可以观赏美

1935 年 5 月，接替陶尔斐斯成为总理的库尔特·冯·许士尼格向奥地利各界领袖发表讲话，他的副总理恩斯特·鲁迪格尔·冯·施坦勒姆贝格双臂交叉在聆听。第二年，在施坦勒姆贝格"以奥地利为法西斯主义而战的那些人的名义"称赞墨索里尼侵略塞俄比亚后，许士尼格解除了施坦勒姆贝格的职务。

丽风景的书房。许士尼格文雅地向希特勒称赞这里的景色，但是这个德国人谈的全都是令人讨厌的事。根据许士尼格在会议结束后的回忆，希特勒一直在抨击他的客人。"奥地利从没做对德国会有任何帮助的事情，"希特勒抱怨道，"奥地利的整个历史就是一部不间断背叛的历史。"愤怒的元首很快发出了赤裸裸的威胁："我只要下达一个命令，在一个晚上你们所有可笑的防御工事将被摧毁成碎片。你是不是认真地以为你能阻止我或者拖延我半个小时？谁知道呢？也许一天早上你在维也纳醒来发现我们就在那里——就像一阵春天风暴。"然后，希特勒挥舞着他的手杖要求他的客人合作。"除了我的名字，还有其他伟大的德国人的名字，"他承认，

"我们有一个赫尔曼·戈林。我们有一个鲁道夫·赫斯。许士尼格先生，我向你提供唯一的机会把你的名字加进这些伟大的德国人的名字当中。这将是一个值得骄傲的行为，并且所有的困境都会避免。"许士尼格婉言谢绝了，会见到此结束了。

两个国家领导人又重新回到他们的助手中共进一顿尴尬的午餐。"我坐在希特勒对面，"许士尼格回忆，"我们由身着雪白招待制服、身材特别高大并且异常英俊的党卫队队员服侍。"希特勒说起要让陆军摩托化的计划，而斯比埃尔将军谈起他在西班牙"神鹰军团"的经历。大约在两点钟，希特勒借口离开。许士尼格被要求等待元首的召见。抽烟很凶的奥地利总理利用这个机会享受他的喜好，生活节制的希特勒不能忍受抽烟的嗜好。经过两个小时的焦虑等待，里宾特洛甫和巴本出现在许士尼格和施密特面前，拿着一本令人担忧的文件——一个要求清单，远远超出了许士尼格准备做出的让步。一项条款要求任命纳粹支持者赛斯－英夸特为奥地利的内务部长，拥有管理警察和其他安全事务的权利。另一项条款坚持要求恢复被军队和政府部门开除的纳粹人士的原职。这个要求的最终目的就是允许希特勒的党羽将他们的意愿强加给奥地利。作为回报，希特勒仅仅答应在公开场合重申他已经通过条约承认的东西——承认奥地利独立的权利。

过了一会儿，许士尼格又被召去见希特勒。他向元首解释这些要求不能当场接受，因为好几项条款需要奥地利总统威廉·米克拉斯的批准，根据 1934 年的宪法只有他有权批准。的确，许士尼格不能保证这些条款什么时候能得到实现。"对于这个回答，希特勒似乎失去了自我控制，"许士尼格回忆，"他跑向房门，打开它们，并嚎叫道，'凯特尔将军！'接着，转向我，他说，'我一会儿再召见你'。"这种突然暴怒是一个花招。希特勒什么也没对凯特尔说，但是叫他的意图是再明显不过了。当希特勒最后一次召见许士尼格时，奥地利总理急于尽可能挽救这悲伤的一天，他高兴地发现元首的心情好了一些。希特勒同意给许士尼格 3 天时间保证批准新的妥协，为了能更容易通过，里面许多条款希特勒的立场已经软化。"在接下来的 5 年时间里我们能够遵守这个协定，"他告诉许士尼格，"这是一段漫长的时间，无论如何，5 年后这个世界将会发生变化。"

当许士尼格同施密特回到维也纳时，他没有放弃对希特勒承诺的幻想。他很不情愿地同意了这些新的要求，但是他的良好愿望没有得到回报。赛斯－英夸特刚被任命为内务部长就到柏林同希特勒、戈林和希姆莱协商。回来后，他发布了一个通告，具有挑拨性质地发给"奥地利的德意志警察"。他现在很有把握他们的违法行为不会受到惩罚，奥地利的纳粹党徒开始炫耀纳粹标志的旗帜和臂章并且逐步提升他们的颠覆行动。2 月 20 日，许士尼格遇到了另一次打击：在一次对国会的讲话中，希特勒忘记了他尊重奥地利主权的承诺。相反，他用心险恶地指出生活，在帝国边境外的奥地利和苏台德地区的1000万德意志人正在遭受苦难。

最后，许士尼格的耐心耗尽了。2月24日，他身着冲锋队制服出现在议会前，发誓奥地利再也不会主动出卖它的国家生存权。为了支持他的言论，他决定从选民那里得到对奥地利独立的支持。3月9日，他宣布在下一个星期六，即3月13日，有一个问题将摆在奥地利公民面前："你是否支持一个自由和日耳曼人的、一个独立和社会化的、一个基督教和统一的奥地利？"他试图以此来获得选民中各种团体的支持，虽然这个主张措辞很笨拙，但是它的指向却很明确。许士尼格正发动全国力量反对德奥合并。

计划进行全民投票的消息在柏林产生了爆炸性的影响。3月10日早上，通过电话同戈林协商后，希特勒召见凯特尔并命令他准备入侵奥地利。当天下午，他给墨索里尼写了一封信，通知墨索里尼他决定在"我的家乡恢复法律和秩序"。

第二天早上五点半，在维也纳的许士尼格得知德国人已经关闭萨尔斯堡的边境。担心出现最坏的情况，他在去总理府的路上拜访了圣斯蒂芬大教堂。"在我们永恒的救世主圣母神像前，许多蜡烛正在燃烧，"他回忆，"我偷偷看看四周，然后在保护圣坛的铁丝网上划了一个十字——在危机时候一个古老的维也纳风俗。"

在他的办公室，他看到一个奥地利驻慕尼黑总领事发来的一封加密信件，上面简单地写着："利奥准备来访。"

这确定了侵略即将到来，许士尼格竭力试图改变局势。屈服于来自柏林的压力，他同意当天下午取消全民投票，但是这种让步只能招来戈林新的要求：许士尼格必须辞去总理职务，支持赛斯－英夸特为总理。由于妥协失败，总理只能辞职了。但是米克拉斯总统拒绝任命赛斯－英夸特为总理，而是仍要求由许士尼格负责。从来没有如此艰难过，他的外交选择已经没有了。在最近几个星期里，许士尼格把希望寄托在墨索里尼也许会说服希特勒停止入侵奥地利，但是墨索里尼在他最后一次同许士尼格的联系中已经明确反对全民投票。法国正处在政府变更中，不会提供任何帮助。英国已经通知许士尼格，它"不能保证会提供保护"。

除了投降外，许士尼格只有一条救命索：他可以命令奥地利部队进行战斗。最后，他认定这样的抵抗不仅是徒劳的而且是同族自相残杀。后来他解释道，作为一个骄傲的日耳曼人，他决定避免出现 1866 年奥地利面对的局势，当时他们同普鲁士人战斗并被彻底击溃："我拒绝成为工具——直接或间接的——再次准备为该隐残杀他的兄弟亚伯。"快到 8 点时，一个虚假的报告说德国人正在穿越边境，他随后在电台里宣布他已经下令奥地利军队停止抵抗："我们决心即使在这个严重的时刻，也决不能让日耳曼人的鲜血四溅。"许士尼格发

左图，萨尔斯堡的群众被强迫出来欢迎入侵的德军，包括牵着驮骡的山地部队。下图，围成一圈的热情洋溢的女学生欢迎一个来自德军摩托车部队的军士。

表广播讲话几分钟后，希特勒签署了入侵命令。11点一刻，他收到了墨索里尼的祝福，他非常感激地回复表示他将"忠贞不渝地"同领袖站在一起。在维也纳，米克拉斯向不可避免的命运屈服了并且任命赛斯－英夸特为总理来主宰奥地利的灭亡。

第二天3月12日破晓，德国第8集团军的部队气势汹汹地越过奥地利不设防的边界线。他们进入的边境城镇早已经被纳粹党徒接管了，拥挤的人群中很多人向这些占领者行礼致敬。在萨尔斯堡，怀有良好愿望的人站在6英寸的雪里欢迎德国人。与此同时，希特勒同凯特尔飞往慕尼黑监督这次行动。当他接近中午抵达那里时，他还没决定他下一步做什么。一个选择是支持赛斯－英夸特和他的傀儡政权，这样可以维持一个奥地利自治的假象。但是，入侵的轻而易举和部队正受到的热烈欢迎使希特勒认为也许可以利用这样的友好关系。希特勒决定进入维也纳亲身体会一下。当天下午，他乘坐一辆敞篷的梅塞德斯－奔驰车，穿过位于他出生地布劳瑙的边界线，受到了狂热的欢迎。没过多久，他的车队抵达林茨。希特勒 16 岁时在林茨辍学后整天在街头游荡，模模糊糊地梦想获得荣耀的那一天。现在这个城市 12 万居民当中的 10 万人向他荣归故里欢呼万岁。在市政厅的阳台上发表演说时，他说他很久以前就发誓要把他的祖国同他已经归化的国家统一起来："我一直相信我的工作，我为它而生，并且为它而战，你们都可以见证我现在成功了。"

对他演说的欢呼促使希特勒决定在奥地利拥有绝对的个人权利。当他演说时，赛斯－英夸特总理站在一旁，他亲自"以全体奥地利人民的名义"欢迎希特勒来到林茨。但是赛斯－英夸特将很快成为这块土地上一个被遗忘的人，他一直以为他能领导这个地方。在柏林通过收音机收听演说的戈林向希特勒发了一封简短的电报，这封电报反映了元首的观点并提出设法消灭奥地利自治的最后残余力量："如果感情是如此狂热，我们为什么不做得更彻底些？"

第二天，当德国军队不费一枪一弹就牢牢地控制了奥地利时，赛斯－英夸特收到一份法律草案，声明奥地利是德意志帝国的一个省。他老老实实地召开内阁会议并确保批准这个草案。然而，固执的米克拉斯制造了最后一个障碍：他拒绝在这个法令上签字。取而代之的是，他向赛斯－英夸特放弃了他的权力，因此在签署这个废止他政府的法案前，赛斯－英夸特作为总统和总理曾一度攀上令人怀疑的权力顶峰。这个法案的一项条款给奥地利人提供了一个机会：在已成事实后于4月10日进行一次全民投票来确定德奥合并。

下一步，希特勒准备胜利开进维也纳。将一个花圈摆放在林茨郊外莱翁丁他父母的坟前后，他一直希望于3月13日在维也纳亲自参加游行，但是复杂的形势使他第二天就离开了。德国的摩托化部队阻塞了通往维也纳的公路，最高统帅部非常震惊地得知，1/3的陆军车辆在行动中出了故障。党卫队领袖希姆莱希望专门给他一天以加强维也纳的安全——这是一项占用主要精力的工作。

复仇心切的奥地利纳粹党徒已经在入侵前夕开始逮捕他们的敌人。现在由德国人负责，这种镇压正变得有组织性。仅在维也纳一地，很快就有7万多人被希姆莱的特务抓起来了，一些人被无限期地关在一个位于多瑙河畔毛特豪森的党卫队新集中营。这些被关起来的人当中，许多是重要的政治人物。前总理许士尼格在维也纳被软禁在家中达10个星期，接下来在不同的监狱中又被监禁了七年。其他许多人仅仅因为他们的传统而受到迫害。对于维也纳绝大多数犹太人来说，德奥合并意味着半个多世纪以来一直在形成的威胁正在成为现实。当群众在观望和嘲笑时，褐衫纳粹党徒把犹太男子和妇女关起来并强迫他们擦洗首都的街道和清洗公共厕所。

有一个犹太人值得特别关注，他就是81岁的弗洛伊德。尽管怀有深深的忧虑，但他仍选择留在他的祖国（当听说许士尼格于3月11日辞职后，弗洛伊德把这个简单地写进他的日记《终结奥地利》）。当一队冲锋队员来到弗洛伊德家时，他的女儿安娜领他们来到保险箱前，令他们大吃一惊地是，她打开保险箱，让他们像窃贼一样想拿多少就拿多少。此刻，弗洛伊德自己从隔壁的一间房子里看着，他一言不发，用冰冷的目光盯着这些侵人者。这令他们狼狈不堪，冲锋队员们没有惹什么麻烦就离开了他的家，但是说他们很快还会回来。受到这样的警告，弗洛伊德和他的家庭加入5万逃离这个国家的犹太人大军，他们首先得提前几个月向纳粹党徒交出一些或全部财产才能离开。一个奥地利出生的名叫卡尔·阿道夫·艾克曼的年轻党卫队官员监督这个有利可图的移民计划，后来他负责管理留在死亡集中营的犹太人。

绝大多数奥地利人将会很快后悔他们国家并入第三帝国。但是在德奥合并带来的突然狂热中，那些根本不用因政治或激进立场害怕盖世太保的人认为元首是一个救世主——一个漂泊在外的本地儿子回来结束争吵和混乱。3月14日，在维也纳等待希特勒的欢迎仪式显

3月13日上午，阿道夫·希特勒把一个花圈摆放在奥地利莱翁丁镇他父母的墓前。回到故乡使希特勒感到满足，30年前他母亲死后他就离开了莱翁丁。"我一直很尊敬我的父亲，"他说，"但是我爱我的母亲。"

示首都准备迎接新的君主，尽管他的血统值得怀疑。英国大使是这样向伦敦报告的："不可能忽视这种民族主义狂热，凭借这种狂热，无论是新政权还是昨晚宣布合并到第三帝国，在这里都已经被接受了。"

希特勒的车队早上 11 点左右离开林茨并沿着一条两边站满崇拜者和丢满废弃军车的道路向首都缓慢前进。他用了 6 个多小时才走完到维也纳的 120 英里。元首在黄昏时分进入旧帝都，笔直地站在他的车里，僵硬地伸出右臂向人群还礼。纳粹旗帜悬挂在每个拐角处，甚至教堂也挂起纳粹标志。车队在帝国饭店停下来，这里曾经招待过哈布斯堡的君主以及他们的随从人员。希

奥地利纳粹党徒强迫维也纳的犹太人擦洗人行道。犹太人被强迫用灼伤他们双手的水和酸混合物去清除街道和墙上反对德奥合并的标语。

一辆有活动车篷的轿车后面贴着许多海报，竭力劝说奥地利人在4月10日全民投票中投"同意"以批准德奥合并。一张严厉的元首画像和如何投票的明确说明（下图）迎接那些到投票站投票的人。超过99%的人在指示下填写了他们的选票。

特勒住进了皇家套房。陶醉在这一时刻，希特勒告诉他的许多朋友，作为维也纳的一个年轻流浪汉，他曾经为了挣到一顿饭钱而在同一家饭店外清扫过积雪。"我们这些可怜鬼把雪铲到边上，每次贵族到达时我们都脱下帽子，"据说希特勒详细介绍道，"他们甚至不看我们一眼，尽管我们能闻到飘到鼻子里的香水味。我们从事的工作对他们很重要，或者说对维也纳也很重要。尽管大雪整夜下个不停，但是这个饭店不客气得甚至连一杯热咖啡也不送给我们。"

　　第二天，希特勒志得意满，他站在前帝国宫殿霍夫堡的阳台上，向广场下面20万名维也纳人发表演讲。他的讲台前矗立着两座哈布斯堡皇室成员的骑马雕像。观众们为了更好地看清元首，都攀登到这两个纪念碑上。希特勒对即将到来的全民投票胸有成竹。他宣称："我一生中最伟大目标的顶点，就是我的祖国加入到德意志帝国。"巴本在演讲和接下来的德国武装部队游行过程中一直同希特勒在一起。据他描述，希特勒一直处于一种"得意忘形的状态"。

　　冒着打击希特勒兴奋劲头的危险，巴本警告希特勒：如果他像对待德国的天主教那样视奥地利的天主教为敌人的话，那么德奥合并也许会受到破坏。"不用害怕，"希特勒答道，"我比任何人都清楚这一点。"为证明这一点，希特勒在接下来的行动中就有所调整。在前往德国前的那天晚上，他会见了维也纳的红衣主教西奥多·因尼茨尔。为换取因尼茨尔支持4月的全民投票，希特勒承诺尊重教堂的特权。当希特勒4月9日回到维也纳为第二天的全民投票煽动热情时，他的讲话非常可笑地转化成虔诚的祈祷。"我现在将会向他表达我的谢

意，是他让我回到我的故乡，这样我现在可以引导我的
故乡加入我的德意志帝国，"希特勒吟诵道，"明天也
许每个德意志人都会记住这个时刻，衡量出它的重要性
并在万能的主面前谦虚地弯下腰，万能的主在几个星期
的时间里把一个奇迹赐给我们。"

这样的说教对确保获得全民投票的简单多数几乎
没有必要。但是希特勒希望得到一个压倒性的投票结果，
这样他就可以在国际社会批评者面前挥舞这个东西作为
奥地利欢迎他们命运的证据。为此，他的活动不能仅依
赖于虔诚的言语。在奥地利，同 5 年前的德国一样，第
一批拘捕清楚地表明持不同政见者将要付出代价。当社
会民主党人、前总理卡尔·雷纳勉强地支持全民投票时，
希特勒左翼的对手的士气进一步受到削弱。雷纳也许是
因为担心他的同事被盖世太保逮捕，虽然他对希特勒实
现德奥合并所使用的策略没有好话，但他的退让帮了希
特勒的忙，"奥地利人民 20 年的迷失彷徨现在结束了"。
为了确保奥地利人处于控制之下，纳粹党徒密切关注 4
月 10 日的投票。在维也纳的外国记者们注意到投票隔
间的裂缝可以使选举官员清楚看到公民投票的情况。毫
不奇怪，选民以一个悬殊的比例支持德奥合并。超过
95% 的选民参加了投票，445.3 万票赞成，只有 1.2 万
票不赞成。

当希特勒被告知结果时，他称之为"我一生中最

自豪的时刻"。他声称他对故乡的满腔热忱已经得到了
回报，尽管是在胁迫下。但他自己将不会满足于单纯的
征服，他还要追求新的目标。

4月温暖的一天，
德国人和奥地利人混
坐在霍切豪斯，维也
纳一个有名的屋顶饭
店。蜜月是短暂的。
到秋天，由于侵犯天
主教会和新教少数派
的权利并将商品运送
到德国，纳粹已经同
大部分奥地利人疏
远了。

独裁者们的
拥抱

1938年5月初，当阿道夫·希特勒抵达意大利进行一次国事访问时，他非常高兴地发现欢迎的人群从勃伦纳山口一直延伸到那不勒斯海湾。贝尼托·墨索里尼不惜代价要用意大利的壮丽和军事力量让他的轴心国独裁同伙感到眼晕。

在希特勒去罗马的全部铁路沿线，建筑物用白色涂料粉刷一新。5月3日，元首抵达专门为迎接他修建的新火车站，他进入不朽城（罗马）以他的名字命名的一条新马路——阿道夫·希特勒大街。

德国总理一会儿被簇拥在的花环中，一会儿被带到宴会上，一会儿观看法西斯游行，一会儿被带去出席壮观的有管弦乐演奏的军队阅兵式。5天访问中最激动人心的精彩场面是在那不勒斯海湾的一次海军检阅，50艘潜艇浮出水面，同时由200艘军舰聚集起来的大炮发出震耳欲聋的齐射。

一切给希特勒留下了深刻的印象。此外，这次访问还取得了墨索里尼没有预料到的成功。希特勒像旅游团的游客一样，深深地爱上了意大利。"佛罗伦萨和罗马的神奇，还有拉韦纳、锡耶纳、佩鲁贾，"他后来回忆，"它们是多么可爱啊！"据希特勒估计，最小的佛罗伦蒂纳宫殿的"价值就超过温莎城堡全部"，而且意大利人民本能的艺术气质和他们天生的"雅利安人"的美丽，正如他所描述的，是无与伦比的。至于墨索里尼，希特勒称他为"又一个恺撒"。

当元首离开这块地中海国土时，两位领导人热烈地告别，据报道，希特勒热泪盈眶。他回到德国后坚信他在南方有一个忠实的盟友。领袖同样确信两个轴心国之间的友好关系将会继续。"从此以后，"墨索里尼高喊，"没有力量能够分开我们。"

在穿黑色制服的意大利警察和国民军的护卫下，墨索里尼和希特勒穿过佛罗伦萨的街道，元首后来称佛罗伦萨是他最喜欢的城市。

那不勒斯的市民在阳台外悬挂纳粹旗帜以吸引元首的注意力。希特勒对那不勒斯的建筑没有留下什么印象，尽管他从没有越过大西洋，但是他说那不勒斯也许是"南美洲的某个地方"。

一个通往佛罗伦萨14世纪宫殿的
街道为迎接希特勒的参观挂满了纳粹
旗帜。元首拖着备感无聊的墨索里尼
在附近的乌菲克斯陈列馆花了4个小
时观看古代大师们的画作。

身着文艺复兴时期的服装，传统托斯
卡纳体育大赛盛会的参加者们在佛罗伦萨
皮蒂宫的花园里列队迎接德国总理。

在观看了意大利空军和陆军的
演习后，希特勒和墨索里尼在位
于罗马35英里外的圣马里纳拉海
滨粗糙的松树下野餐。

身着当地服装的妇女为两个独裁者的露天午宴服务——一个令希特勒高兴的场面。希特勒渐渐对意大利人民不加修饰的美充满了感情。

墨索里尼正在闻一朵玫瑰花，同希特勒在罗马西北福布拉附近的地中海断崖上闲聊。在那里意大利飞行员展示了他们的飞行技巧：他们排成纳粹徽标的队形飞过，并把150吨炸弹投到一个模拟的城镇和海边的两艘废船上。

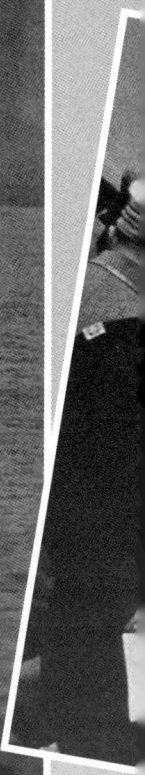

许多国家身着军服的军事随员们——他们来自英国、法国、德国——观看墨索里尼陆军的炮火演习。

希特勒在加富尔伯爵号旗舰的高处观看意大利战舰在斑斓的那不勒斯湾举行攻击演练。远处是维苏威火山的黑色轮廓。

3. 一个为和平牺牲的国家

德国占领奥地利后仅仅两个星期，好战的亲纳粹"苏台德德意志人党"就号召它的55万追随者们在西捷克斯洛伐克群山环绕的高地苏台德地区举行示威运动。一个镇接一个镇，人们挤满街道，这个党被禁止的红白旗帜飘扬在公众建筑上，人群高喊："一个民族、一个帝国、一个元首！"在哥考鲁冈镇，演讲者傲慢地无视禁止行纳粹礼的命令。"代表全体，"他喊道，"我用高举的手臂向我们的元首以及整个德意志民族敬礼。"

在苏台德地区的德意志民族中，德奥合并的震动打开了泛日耳曼感情的洪闸，他们强烈要求并入德意志国家。但是在捷克斯洛伐克的其他地方，奥地利向希特勒投降引发了惊慌。在捷克和斯洛伐克民族的平民当中，这不仅激起了对未来的恐惧，而且还唤起了他们维护国家的决心。布拉格的政治家们认为德奥合并是对那些试图依靠自己的力量同德国进行谈判的小国的预先警示。至于军队，它是准备战斗的标志。无论人们在什么地方停下来谈论——在鹅卵石铺成的乡村广场，在城市的咖啡店里，在布拉格弯曲的街道上，或者是在横跨莫尔多河优美的桥上——他们一致认为他们国家很可能是希特

1939年3月德国占领捷克斯洛伐克后，布鲁恩的一名捷克警察官员遵照命令把一个"自由街"街牌换成"阿道夫·希特勒街"。占领者们甚至将捷克的交通模式德国化，要求驾车者由靠左行驶改成靠右行驶。

勒下一个目标。无论在什么地方，人民感觉到危机日益
迫近的寒意以及对政策失误的困惑。

　　从某种程度上来讲，捷克斯洛伐克一诞生就继承
了1938年它所面对的危机。那时希特勒还没在政坛上
出现，但是德捷之间的潜在冲突是明显的。当一战后奥
匈帝国的一部分成立捷克斯洛伐克时，这个新国家就深
深伸入到德国领土中。这就给德国的宣传家们一个机
会，他们把这个新生的国家形容成一个伸入德国一侧的
矛头，并且对德国的心脏地带是一种威胁。另外，第三
帝国一直垂涎捷克斯洛伐克能够控制中欧的战略地位。

　　捷克斯洛伐克难以对付的少数民族使这个国家更
加脆弱不堪。在1500万人中，
大约一半是波希米亚和摩拉
维亚的捷克人，1/4是主要
生活在斯洛伐克的斯洛伐克
人。其余的是德意志人、匈
牙利人、乌克兰人和波兰人。
尽管政府实施了一个平等的
少数民族政策，但是许多人
仍然感觉脱离了他们的民族
根源，并且憎恨在政治和经
济上占主导地位的捷克和斯
洛伐克统治民族。许多人也
受到了其他国家的影响。匈

1934年，捷克
斯洛伐克的开国元勋
们，托马斯·马萨里
克（右）和爱德华·贝
奈斯（左），同来访
的法国外长让－路易
斯·巴尔都一起分享
热情的时刻。在捍卫
捷克斯洛伐克独立的
斗争期间，贝奈斯以
"欧洲最聪明的小政
治家"而闻名。

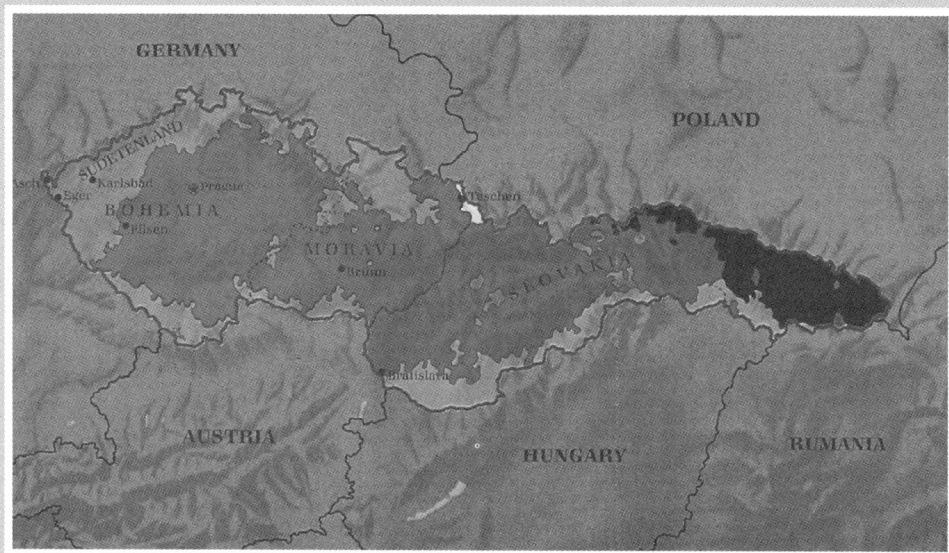

　　第一次世界大战后从战
败的奥匈帝国中分离出去，
捷克斯洛伐克是一个地方自
治和多个少数民族的拼凑
物，许多少数民族同邻国保
持着很深的联系。最大的少
数民族部分——苏台德德意
志人，为同德意志国家统一
采取暴力活动，而且他们成
为希特勒要求分解捷克斯洛
伐克的催化剂。

牙利同斯洛伐克的东部以及卢西尼亚省有强大的民族和经济联系。波兰要求拥有前领地特申的主权,特申是捷克斯洛伐克北部边境一个富产煤矿,主要是波兰人居住的地区。但是,最麻烦的是希特勒的第三帝国与苏台德地区300多万德意志人之间的联系。当捷克斯洛伐克成立时,出于防御的考虑,它的领导人坚持这个山区应当划入他们的国家。因而,这里的人民也同领土一起划过去了。

苏台德的德意志人是12世纪进入波希米亚和摩拉维亚的德意志移民的后裔。16世纪,哈布斯堡王朝对波希米亚和摩拉维亚实行统治后,德意志人移民浪潮急剧扩大——德意志人也开始在捷克人口中占有主导地位。当德意志人的移民浪潮最终在19世纪平息下去时,苏台德的德意志人害怕最终被捷克人吞食,因此强烈反对捷克人所有的自治努力。囿于这段双方互相猜疑的历史,苏台德的德意志人和捷克人突然发现他们的角色颠倒过来了。1919年巴黎和会确定捷克斯洛伐克的边界时,对比维也纳,苏台德德意志人不再是一个主流族群,而仅仅是一个受布拉格捷克人和斯洛伐克人统治的少数民族。毫无疑问,苏台德人痛恨他们的屈从地位,特别是屈从于斯拉夫民族,绝大多数德意志人感觉对于斯拉夫人,他们具有种族上的优越性。

当20世纪20年代后期大萧条来临时,以工业为主的苏台德地区许多人失业了——特别是来自日本的廉价纺织品涌入世界市场,迫使许多苏台德的制造厂倒闭。苏台德人把他们的不幸归罪于政府,他们的挫折孕育产生了一系列的德意志民族政党。比较温和的政党呼吁为苏台德的产品改善市场环境并给予苏台德更多的自治权利——比如全部是德意志人的警察和德意志人的地方官员。更加极右翼的团体,比如"苏台德德意志国家社会主义党",模仿纳粹党而且希望苏台德整个从捷克斯洛伐克脱离出去。

1935 年,德国的纳粹政权开始资助极右翼的苏台德德意志人政党。这个政党的领袖是康拉德·汉莱茵,一个 36 岁的一战老兵和前银行职员。在德国的支持下,汉莱茵逐步令较温和的德意志民族主义领袖黯然失色,并且使自己成为苏台德冤屈的德意志人的主要代言人。

在这段紧张时期,一个民族主义的坚定支持者控制了布拉格政府。1935 年 12 月,爱德华·贝奈斯被选为捷克斯洛伐克的总统,接替了他的同胞托马斯·马萨里克。矮小消瘦的贝奈斯是农民的儿子,一战结束时他同马萨里克一起奋斗并赢得了捷克斯洛伐克的独立,那时他就显示了卓越的政治才华。作为一个对希特勒的野心不抱幻想的现实主义者,贝奈斯明白只有具备强大的防御力量和可靠的盟国,捷克斯洛伐克才能在中欧政坛的这口大锅里生存下去。目前,他的国家完全依赖一系列没有经过考验并且特别脆弱的条约,很多情况要根据法国的态度而定。如果法国坚决地遵守 1926 年同捷克斯洛伐克签订的双边军事互助条约，那么捷克人还可能指望英国的支持。尽管英国没有同捷克斯洛伐克签订条约，但是根据1925年的《洛迦诺公约》，如果法国受到德国的攻击，英国必须援助法国。就在法国同苏联签订了同样条约的几天后，捷克斯洛伐克于1935年5月也同苏联签订了一个条约。捷苏条约的一项重要条款就是提出两个国家都没有义务援助对方，除非法国已经这样做了。如果法国放弃了捷克斯洛伐克，那么苏联也可以这样做。最后，捷克斯洛伐克同"小协约国"的伙伴国罗马尼亚和南斯拉夫签订了条约。这个得到法国支持的联盟联合了3个签字国对抗匈牙利针对这3个国家的领土要求。

贝奈斯意识到这个联盟大厦在任何时候都可能崩溃。希特勒也意识到了这一点，他准备着手破坏这个架构。直到他不再担心奥地利问题并且建立起自己的力量之前——一名德国外交官坦率地表示，直到他得到一个"能够射击的平台"之前——希特勒都不会侵略捷克斯洛伐克。

他发动了一场宣传攻势污蔑布拉格政府，从外交上孤立捷克斯洛伐克，并为侵略寻找一个借口。

反捷宣传巧妙地利用了西方对苏联的恐惧，指责捷克斯洛伐克是"苏联的前哨站"，国内布满了可以对德国发动轰炸攻击的机场。另外，纳粹宣称苏台德的德意志人正受到不公正的待遇——根据第三帝国的报道，他们快要饿死并遭到拷打——并且继续坚持德国亏欠了对他们的保护。与此同时，德国官员不断用战争进行恫吓。捷克斯洛伐克只是"欧洲蠕动的盲肠"，赫尔曼·戈林讥讽地对法国大使说，"我们将不得不做手术"。

紧接着德奥合并后，希特勒开始向捷克人不断施加压力。1938 年 3 月 28 日在柏林，元首告诉汉莱茵，苏台德的德意志人党必须提出布拉格政府永远无法满足的要求。这个党要不惜一切代价避免陷入政治解决的圈套，这将使德国失去发动进攻的借口。

在离开柏林前，汉莱茵接到一个提交给布拉格的命令式的新清单。4 月 27 日在卡尔斯巴德举行的"苏台德德意志人党大会"上，汉莱茵身边围聚着几百名穿灰色制服和皮靴的好战追随者，在激烈的演讲中，他要求苏台德地区完全行政自治，并要求对自 1918 年以来对德意志少数民族的迫害做出赔偿。另外，他坚持布拉格应当接受苏台德地区有拥护纳粹意识形态和同第三帝国保持密切关系的权利。在捷克政府看来，卡尔斯巴德会议的绝大部分要求不可能进行谈判，更不要说同意了。

汉莱茵在卡尔斯巴德发表演说时间的前后，希特勒采取了另一个步骤来实现他征服的目标。4 月 21 日，他命令德军最高统帅部司令威廉·凯特尔将军初步制定入侵捷克斯洛伐克的"绿色计划"。与此同时，西方大国逐渐对苏台德地区的局势和所有侵略的前兆产生了警觉。4 月 28 日，英国首相尼维尔·张伯伦和法国总理爱德华·达拉第在伦敦的唐宁街 10 号会晤，讨论如何维护和平。

这个漫长的会议产生的结果不是一个行动计划而是一个无用的表态。英国和法国只同意他们将让柏林知道他们正全力以赴地迫使布拉格做出大量新的妥协以解决苏台德危机，但是用武力援助捷克斯洛伐克似乎是不可能的。英国参谋长已经向张伯伦报告，他们的军火物资非常缺乏，英国陆军和空军的条件也非常差，在 1938 年进行战争将意味着肯定失败。英国陆军可以投入战场的部队只有一个装甲旅和 5 个师。此外，万一爆发战争，英国将不能指望美国的援助，为避免卷入另一场欧洲冲突，美国已经实行了一个严格的中立政策。

真实情况是，法国拥有 70 个师，捷克斯洛伐克本身拥有一个大约 15 个师的常规陆军——20.5 万人的精锐部队。另外，捷克人沿他们同德国的边界线建有可以同马其诺防线相媲美的防御工事，并且还可以依靠庞大的斯科达军工厂。依靠世界最大和最现代化军工厂的支持，德国能够组建 70 个师对抗这些力量。令法国人担忧的不是德国现在如此大的军队规模，而是背后充足的人力资源。相对法国的 4000 万人口，德国有 7000 多万人口，可以以一个月 7 个师的速度扩大军队。

而且，德国空军给了德国一个可靠的精神武器，因为西方的政治家们惧怕轰炸平民。事实上，德国空军不是用来进行远距离战略轰炸的，但是它在数量和性能上的优势给人留下了深刻的印象。德国能够将2800多架飞机投入作战。相反，英国皇家空军只有1200架飞机可以使用，而且绝大多数是老式飞机，法国和捷克各只有700架飞机。英国和法国的飞机工厂也缺乏制造能力来弥补这一巨大的差距，而德国工厂具备一个月制造700多架飞机的能力。

5月初，希特勒对意大利进行了一次国事访问，他获得了墨索里尼的保证，意大利人不反对德国进攻捷克斯洛伐克。这个月底，英国和法国领导人比以往更担心他们的军事缺陷。5月19日，伦敦和巴黎接到了德军

左图，1935年的一张海报上，好战的工人们肩扛工具站在旗下庆祝五一节，海报向支持苏台德德意志人党的选民们承诺"工作、权利和面包"。下图反映出亲纳粹的德意志人党的范围扩展到了因经济萧条而失业或是住在当地贫民区勉强糊口的大批苏台德德意志人。

向捷克斯洛伐克边境挺进的报告。同一天，汉莱茵突然中断同布拉格的谈判并前往奥地利，表面上是带他的夫人去度假，但是，传闻说他是去同希特勒协商并将同入侵的德军一起返回。布拉格内阁给予了这个报告足够的重视，召集了大约 17.4 万名后备役人员并向边境地区调动部队。部队的出现平息了苏台德纳粹党同捷克警察之间的零星冲突，这种冲突已经折磨苏台德地区几个星期了。但是，仍然有伤亡出现。5 月 21 日，在埃格尔镇一个检查站，两名骑摩托车的纳粹党员无视要求停下来的命令。一名卫兵向他们开枪，这两个人被杀死了。这个事件没有引发进一步的暴乱，却给苏台德纳粹党提供了两个烈士。在柏林，冯·里宾特洛甫咆哮怒吼并发出威胁，他愤怒地对英国大使尼维尔·亨德森爵士说："在捷克斯洛伐克，他们现在开始枪杀德国人！"在危机期间，英国和法国没有做出任何承诺。英国外交大臣洛德·哈利法克斯警告里宾特洛甫，如果战争爆发，英国也许会干涉，但是又告诉法国人不要指望英国的干涉。法国外交部部长乔治·博内说，德国入侵捷克斯洛伐克将会"自动"挑起一场战争，但是他对英国人吐露心声，如果捷克斯洛伐克拒绝向希特勒做出让步，那么法国将认为它不再受到条约的束缚。德国空袭"一米接一米"摧毁巴黎的景象一直困扰着博内。

到 5 月 23 日，已经很清楚，德国陆军将不会发起进攻。这场惊吓的结果是，博内埋怨捷克的战争动员制

在一个装饰着苏台德德意志人党象征盾牌的讲台上，该党的领袖康拉德·汉莱茵（最左边）在赖兴伯格发表演说。两个负责监视的捷克警察官员抄写下他的反政府言论。

造了"无用的刺激"并对德国政府的"高贵和冷静的克制"表示感谢。张伯伦认为德国人事实上企图入侵，而英国的警告遏制了他们。同时，希特勒愤怒地注意到捷克动员的效率，他比以往更加确信必须迅速摧毁捷克斯洛伐克——通过一次闪电战。

希特勒告诉他的军事长官，他们将于10月1日入侵捷克斯洛伐克。之后德军将很快向后转，攻击西方强国，并把他们驱逐到英吉利海峡。希特勒感觉这个时候挑起一场战争时机正好。他已经得出结论，德军永远不会比他潜在敌国的部队更强大，等待只能使它们赢得时间重建军队并加强防御。

希特勒已经排除了另一个潜在敌国苏联作为捷克

斯洛伐克的盟国参战的可能性。苏军不大可能被允许穿越罗马尼亚和波兰领土抵达捷克斯洛伐克边境。希特勒对苏联的分析不是孤立的，所有欧洲主要大国的外交官都推断苏联将不参与战争。

元首的野心立即遭到陆军参谋总长路德维希·博克将军的反对。博克警告说，德国国防军还没有做好战争的准备，而且直到 1941 年前都不行。但是陆军总司令瓦尔特·冯·布劳希奇将军不支持博克，希特勒也拒

除了德国的克虏伯工厂外，捷克波希米亚省规模庞大的斯科达工厂的武器制造能力超过了欧洲任何一个兵工厂。斯科达兵工厂专门生产重型大炮但也生产飞机、坦克、火车机车、拖拉机、军舰螺旋桨以及弹药。右图一名工人正在检查 150 毫米曳光铜制加农炮弹。

绝改变他的计划。许多德国高级官员对于战争的前景都同博克一样持保留态度。事实上，不满情绪和辞职言论迅速蔓延，以至于布劳希奇召集军队长官并警告他们在侵略捷克斯洛伐克即将到来时不许擅离职守。但是，博克还是辞职了。

当希特勒顽固地走向战争时，英国人和法国人轮番威胁利诱捷克人接受让步，他们认为这样能够维持欧洲的和平。英国人现在仍然认为，汉莱茵的卡尔斯巴德纲领实际上可以全面接受。美国驻法国大使威廉·布立特在向华盛顿汇报时，断言捷克人将宁愿要一场"将摧毁整个欧洲的大火，也不想做出足以让希特勒满意的巨大让步"。

为了敦促捷克人，张伯伦派了一个私人特使去捷克斯洛伐克。他选择了68岁的瓦尔特·伦西曼。伦西曼是一位身家百万的造船商和国会议员。这个身材矮小、沉默寡言的人，似乎应该属于19世纪，甚至在炎热的8月他还穿着僵硬的翼状衣领并戴着一顶高帽。

这位特使说他来布拉格是作为"所有人的朋友而不是任何人的敌人"，但是那里的记者更明白。新闻记者威廉·舍尔在他的日记摘要里记载，伦西曼打算"先拉近关系，如果可能的话就出其不意地把捷克出卖掉"。事实上，张伯伦在派调停人前甚至没有征求贝奈斯的意见。捷克总统和他的总理米兰·霍德查感到心惊胆寒，但是他们公开地接待了这个表达友善姿态的使团。

　　从伦西曼到达的那天起，他就被来自苏台德德意
志人党的代表所包围，这些代表们急于申诉他们的痛苦。
他非常迅速地断言，贝奈斯没有"对捷克斯洛伐克的德
意志人表示出很多理解和尊重"。伦西曼访问苏台德地
区，在那里经过预先排演的人群喊道："就给我们一个
了断吧，伦西曼勋爵！"他同汉莱茵会晤并确信汉莱茵
是一个热爱和平的人，他只想为他的人民赢得自治。伦
西曼使团的成员、英国外交部的弗兰克·阿斯通－格瓦
特金告诉伦敦他是多么喜欢汉莱茵："我敢肯定，他是
绝对诚实的人。"

　　伦西曼断言捷克斯洛伐克唯一的途径是接受卡尔
斯巴德纲领以同汉莱茵和解。9 月 5 日，捷克政府几乎
就要这么做了。在英国和法国压力的折磨下，捷克内阁
制定了"第四计划"，提案非常接近卡尔斯巴德纲领，
以至于苏台德德意志人党的谈判者大吃一惊并且深感沮
丧。似乎突然之间，汉莱茵和纳粹党的基础被削掉了，
而且为德国入侵精心设计的借口也没有了。

　　但是，汉莱茵的助手还是能够对付这种局面。9 月
7 日，他们在马赫里斯奇－奥斯特劳镇在敌对的苏台德
人和捷克人之间挑起了一场冲突。苏台德的宣传机构把
警察维持秩序的努力歪曲描绘成一幅无辜平民被鞭打和
被警察的高头大马顶在墙上的残忍画面。苏台德德意志
人党中止了同政府的谈判。

　　贝奈斯乘飞机去争取苏台德和捷克之间的"友好

杰·希罗维将军（左）和艾米尔·克莱奇将军同国防部长弗朗蒂斯克·马切尼克在研究捷克边界地图。

边境上的
顽强守卫者

军事入侵捷克斯洛伐克将迎头遭遇超出希特勒和他的将军们想象的异常凶猛的防御。陆军同陆军相比，由两名一战中严重负伤的老兵（上图）指挥的捷克陆军，同德国国防军一样善战，并且装备了上百门著名的斯科达兵工厂制造的高级榴弹炮和其他火炮。步兵每20个人配备一挺机关枪，这在1938年是全世界陆军最高的火力配置比率。

更令人生畏的是隐蔽的碉堡和混凝土火炮掩蔽部构成的火力网，捷克花费5亿美元在厄尔士和苏台德山脉底下挖掘隧道守卫同德国的边界线。这些防御是如此强大且配置巧妙，以至于德国军官后来解释，想到进攻将造成的损失就心惊胆寒。甚至希特勒也感到震惊，"我们遇到了严重的危险，"他承认，"捷克将军们准备的计划是可怕的。"

捷克由骡子驮运的山地榴弹炮。捷克炮兵爬上山坡，对于穿过下面平原的进攻者，山坡提供了一个致命的炮兵阵地。

捷克防御部队列队进入一个混凝土加固的壕沟。这是"小马其诺防线"的一部分，紧靠德国的边界线。

在山顶挖的一个散兵坑里，一名捷克士兵正用一挺精良的陆军7.92毫米轻型机关枪瞄准。布鲁恩的兵工厂一年能够生产2.5万件这样的武器。

和相互信任"。"我没有说起对未来的恐惧，"他说，"我一生从来没有害怕过。"苏台德德意志人党用煽动暴乱来回应他的恳求。在埃格尔，18个人受伤；在赖兴伯格，警察被围困在他们的警察局里。

与此有关的所有人都在焦急地等待希特勒9月12日准备在纽伦堡纳粹游行上发表的讲话。那天晚上，布拉格的街道上空无一人。捷克人坐在他们的收音机旁，收听那个熟悉、刺耳并带有歇斯底里症状的声音。记者舍尔写道，元首的声音里充满了仇恨，将他的听众煽动到"疯狂的边缘"。他的开场白用一种冰冷的警示语调陈述了一个长长的所谓迫害苏台德人的具体事实，"'我说的是捷克斯洛伐克'——他的语言、他的语气，都充满怨恨"。

希特勒演讲后第二天，苏台德大批城镇爆发了骚乱。犹太人和捷克人的商店被洗劫一空，纳粹徽标的旗帜迎风招展，捷克街道牌子被涂抹，上面刷上了纳粹党徽。在埃格尔镇，警察冲入汉莱茵在维多利亚旅馆的总部，杀死了6个保卫者。在宣布了戒严令并派兵进驻苏台德地区后，布拉格才恢复了秩序。9月14日，张伯伦给希特勒发了一封电报，要求召开一次面对面的会议。在布拉格，报童嘲笑般地叫喊："号外！号外！大英帝国权势显赫的首相向希特勒乞求！"希特勒后来透露他感到"非常吃惊"，但是他迅速答复他第二天将在贝希特斯加登接待英国首相。张伯伦感觉，战争迫在眉睫，他必须做最后一分钟的努力来避免悲剧的发生。捷克的暴乱表明伦西曼失败了。逃到德国的汉莱茵已经发表了一个宣言，要求德国吞并苏台德地区，而布拉格也下令以叛国罪逮捕他。还没有准备为捷克斯洛伐克而战的英联邦国家强烈要求伦敦避免战争爆发。

在同一时候，法国表现得惊慌失措，慌张的达拉第打电话给伦敦请求张伯伦尽他最大的努力拯救和平。巴黎和伦敦的国家领导人从他们的特使那里接到了令人恐惧的报告，说德国准备发动战争。他们听说成千上万的工人被调来加固德国的"西墙"防线；符合参军年龄的男子被禁止离开德国；女售货员正向劳工局报到以执行紧急任务；西部边境附近的食物供应正转交给内政部；由于军事运输的压力铁路拒绝商业货运。希特勒确实正在准备发动战争。野战部队将于9月28日向前线调动。入侵那天——现在暂时定为9月30日——20万进攻部队将向捷克边境发起攻击。

当9月15日张伯伦前往贝希特斯加登时，他不知道希特勒已经定好了侵略日期，但是他害怕出现最坏的情况。张伯伦是第一次乘坐飞机旅行，这位首相飞往慕尼黑，然后坐汽车前往巴伐利亚阿尔卑斯山中希特勒的城堡——位于德国的东南角，距离奥地利不远。这次旅行花了7个小时，当69岁的张伯伦到达时已经是下午4点了，他被旅行搞得异常疲倦。希特勒正在伯格霍夫的台阶上等候迎接他，两个人进入希特勒书房喝茶谈话，只有希特勒的翻译在场。在第一次会面中，两位政府首脑相互没有留下好印象。张伯伦认为希特勒看上去像"他曾经当过的家庭画家"，而希特勒认为张伯伦是一个"无足轻重"的人，他唯一真正的兴趣是钓鱼。

希特勒闲谈到《凡尔赛和约》的不公正以及为纠正这些他的所作所为。希特勒声明，他始终如一地追求欧洲的和平政策，但是苏台德德意志人的事情是一个特殊情况，因为它触及德国人民的基本种族信念。如果需要的话，他已经完全准备好打一场世界大战以便将苏台德地区纳入第三帝国。张伯伦问起苏台德地区多民族性和其他问题，但是这种提问只能激怒希特勒。"我希望探讨现实问题，"他喊道，"300名苏台德人已经被杀死了！"筋疲力尽的张伯伦开始发火了。"如果元首决定用武力解决这个问题，"他大声斥责，"为什么还让我来这里。"

这多少使希特勒平静下来。他沉思后说，倘若英国同意割让苏台德地区，那么和平解决也许仍有可能。张伯伦说他个人"承认苏台德地区分离的原则"，但是他不得不同他的内阁和法国政府协商。他前往慕尼黑，然后飞回国内。这位首相一直没有提到同捷克人协商。在英国机场，欢呼的群众迎接张伯伦。他告诉他们，他同希特勒的谈话是真诚和友好的："我感觉非常满意，我们每个人都充分理解对方的想法。"人群欢呼："好样的，老尼维尔！"

9月18日，达拉第和博内来到伦敦听取贝希特斯加登发生的事情以及英国人的建议。张伯伦告诉他们，解决捷克斯洛伐克问题的唯一办法就是布拉格向第三帝国割让德意志人至少占人口一半的地区。争论了几个小时后，法国同意了。总之，博内对美国大使布立特说，他们不能让贝奈斯"为了维护700万捷克人对350万德意志人的统治，把4000万法国人赶向死亡"。当博内把双方达成协议的消息告诉捷克驻法国公使斯特凡·奥苏斯基的时候，奥苏斯基哭了。"没有一次听证就对我的国家判刑了。"他对正在等候的记者们抱怨道。

布拉格政府从一开始就对贝希斯特加登的使命表

1938 年 的 一 次手榴弹突袭，旁观者在查看两辆轿车扭曲变形的残骸，这次发生在苏台德边界附近格拉斯利兹镇的袭击杀害了车上的所有人员。

示怀疑。捷克驻伦敦大使说，这反映了"张伯伦扮演和平缔造者的糊涂野心"。而结果甚至比他们想象的还要坏。他们拼命争辩，割让苏台德地区将不仅意味着丧失大量的工业能力而且也将失去大量的边境防御工事。实际上，这将使它们没有防御能力。但是，9月12日深夜两点英法两国发给贝奈斯的答复是一个最后通牒：如果捷克政府拒绝他们的协议，那么英国和法国将不再认为他们对捷克斯洛伐克的命运负有责任。意识到他已经被抛弃了，疲惫的贝奈斯6点半召开他的内阁会议，直到下午很晚，捷克人才同意割让苏台德地区给德国。"我们没有选择，"贝奈斯痛苦地说，"我们已经被无耻地背叛了。"

与此同时，希特勒继续他的战争准备。与张伯伦会晤的第二天，他授权成立"苏台德德意志自由军团"。这个组织由流氓无赖组成，他们的任务就是穿越边界线进行恐怖袭击，在苏台德地区大搞破坏。9月18日，德国最高统帅部把部署5个集团军攻击捷克的最后计划交给了希特勒。依仗希特勒的支持，波兰人9月21日交给捷克政府一个备忘录，要求应当将波兰人口占多数的特申割让给波兰。一天后，匈牙利要求布拉格割让卢西尼亚省和斯洛伐克，加上所有匈牙利人居住的地区。到那一天，"苏台德德意志自由军团"已经占领了捷克城镇埃格尔和阿斯奇。

还是在那一天，乐观的张伯伦再次同希特勒会晤，这次是在莱茵河畔的戈德斯堡浴场。在那里，这位首相惊讶地听到街道上的群众高呼"张伯伦万岁"！报纸一直以来告诉人民大众，元首和首相正日日夜夜为和平而努力。

这次会议几乎从一开始就很不顺利。张伯伦还没有讲完盎格鲁－法兰西人关于转让苏台德地区的提案纲要，希特勒用一种特别平静的声音说，这已经不够了。元首说捷克的压迫变得越来越严重，因此必须立刻占领苏台德战略要地，张伯伦听到后感到非常震惊。所有的捷克陆军部队、警察官员和行政官员必须立即从这个国家即将被占领的地区撤走。德国人将不会为接收的国家财产支付任何东西，而且希特勒拒绝同布拉格签订一个互不侵犯条约，直到波兰和匈牙利对捷克斯洛伐克的领土要求也得到满足。当张伯伦竭力建议讨论被占地区面积的具体细节时，希特勒喊道：现在唯一重要的事情是速度，以防止捷克斯洛伐克成为一个布尔什维克国家。后来，当他同张伯伦一起站在德莱森饭店的阳台上时，希特勒野蛮的态度改变了。他为当晚的迷雾而道歉，大雾遮掩了希特勒特别希望首相欣赏的莱茵河的美丽景色。

第二天，希特勒交给张伯伦一个列出他要求的备忘录，而且他把10月1日定为捷克从苏台德将要被占地区撤出的最后期限。张伯伦答应把新的要求转交给捷克政府，但是他自己再也没有承诺任何事情。会议进行得不顺利的消息已经从戈德斯堡浴场泄露出来，给这个镇召开的国际会议蒙上了一层阴影。一名观察家写道，甚至是约瑟夫·戈培尔和赫尔曼·戈林似乎也"陷入了忧郁中"。

这次会议的结果是，欧洲做好了战争的准备。捷克人拒绝了德国人的新要求。在英国人和法国人的建议下，在戈德斯堡谈判的初期阶段，捷克政府一直很克制，没有进行全面动员，但是在9月23日，布拉格号召40岁以下的预备役人员参军——这是又一支百万大军。在边境对面，30个德国师已经进入攻击阵地。法国的预备部队被派往马其诺防线阵地。英国已经动员了它的舰队并警告他们的国土将面临战争。海德公园已经挖掘了壕沟，张伯伦最亲密的顾问霍拉斯·威尔逊爵士被遣往德国，告诉希特勒英国和法国将为捷克斯洛伐克而战。

在同威尔逊的两次疾风暴雨般的会议中，希特勒威胁如果捷克人不同意他和平占领苏台德地区的话，到9月28日他要进行入侵。他告诉威尔逊当天晚上来柏林体育博览会听他对全国的讲话，在那里英国特使将感受到德国人民坚定的决心。相反，威尔逊看到的是希特勒的狂躁鲁莽，一个处在失控边缘的人的清晰画面。在人们的呼喊和尖叫声中，希特勒对捷克斯洛伐克大加诽谤。他说，捷克斯洛伐克从开始就是一个谎言的国度，它的父亲"名叫贝奈斯"。

他看到捷克不断发动对苏台德德意志人的迫害，

1938 年 9 月第一次同希特勒会面后，在返回英国中途休息期间，英国首相张伯伦（最前面）和德国外交部部长里宾特洛甫凝视慕尼黑东南基姆湖荡漾的湖水。

现在他的忍耐达到了极限。他将收回苏台德地区——或者进行战争。希特勒的疯狂演说结束后，戈培尔走向麦克风并高喊："1918 年将永远不会重演！"双眼充满野蛮目光的希特勒用拳头猛地砸在讲台上，喊道："对！"然后瘫坐在他的椅子上。

被希特勒半疯狂的演说吓坏了的张伯伦来到电台呼吁一个外交解决。在广播中，他悲叹"可怕、稀奇、难以置信"的事实，"由于在一个遥远的国度里我们根本不了解的人民之间的一场争吵，我们这里正在挖掘壕沟并试戴防毒面具"。就在希特勒新的入侵最后期限前的几小时——9月28日两点——张伯伦给墨索里尼发了一个紧急电报，请求他来调解。张伯伦的恳求刚送达罗马，几乎在同一时间，美国总统富兰克林·罗斯福请求墨索里尼督促希特勒通过国际会议来解决争端。墨索里尼也很担心，因为他知道他的军队不具备作战条件，而且他也许会被拖入一场世界大战。他打电话给驻柏林的大使伯纳多·阿托利科，让其紧急前往帝国的总理府。

法国大使安德烈·弗朗索瓦-庞赛已经在那里了，他带来一个立刻强迫捷克从苏台德撤出的提议。那天早上，帝国总理府的场景混乱不堪。党卫队和德国国防军的官员在漫无目的地打转，侍从们在为入侵部队指挥官们举行的一个午宴急着搭桌子。弗朗索瓦-庞赛发现希特勒既激动又紧张。当大使解释法国的提议时，一个助手说阿托利科带着墨索里尼的紧急电报来了。希特勒说抱歉后离开。在隔壁的一间沙龙里，阿托利科宣读了墨索里尼延期的恳求。希特勒只是犹豫了一下。"告诉领袖我接受了。"他说。几分钟后，亨德森大使带着张伯伦要求举行一个有关大国的首脑会议的提案来了。在确定墨索里尼将参加这次会议后，希特勒也接受了这个建议。

希特勒为什么放弃了他的侵略计划至今也不清楚。

9月24日，布拉格的市民们抽时间看报纸，报纸的大标题是《动员》和《我们团结起来》。

孤单的总动员

　　1938年9月末，当同德国的危机加深时，捷克人决心反抗不平等和抵御侵略，积极地为战争做准备。在布拉格和其他城市，市民们开展防空演练、挖掘壕沟、戴防毒面具并且将妇女和儿童撤退到农村。

　　与此同时，100多万后备役人员拿上武器，向各动员中心报到。"他们的信心有时是难以置信的，"那里的一名美国记者惊讶道，"捷克人宁肯孤独地战斗也不愿不战而失去他们的一部分领土。"

携带装在锡罐里
的防毒面具，妇女们
带着她们的行李和一
只宠物狗在布拉格主
火车站等候准备撤往
农村。

两个男子在野外
挖壕沟，壕沟挖成
V形以防止爆炸的气
流，远处可以看见
布拉格古老的皇宫和
圣威图斯大教堂的
尖顶。

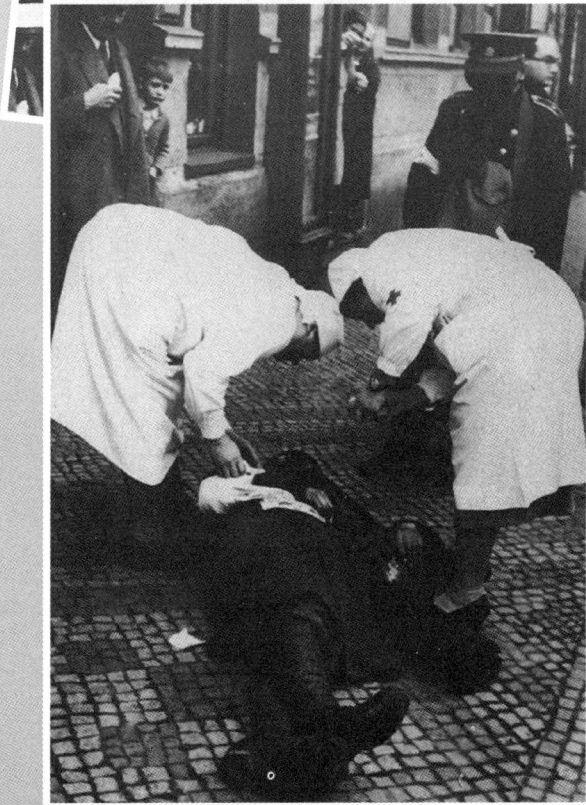

为了使防空演习尽可能地接近现实，布拉格国内防御部队在闹市区的十字路口（上图）引爆了一颗假炸弹。街道上的字是"炸弹落下的目标"。左图，两名护士在照看一名"受伤"的士兵，一名戴着防毒面具的民防队员在一旁观察。

捷克后备役人员自信地露出笑容，
登上一列开往边境的火车——可是同
德国的战争并没有到来。

他也许受到了他自己的将军们和外交官们的警告的影响，特别是他的助手戈培尔和戈林的警告，他们都认为德国还没有做好战争的准备。匈牙利和波兰都愿意向捷克斯洛伐克施加压力，但是这两个国家都不准备参加希特勒的侵略。他最值得信任的盟友墨索里尼也建议要克制。英国和法国部分动员显示了他们的决心正在变得坚定。此外，希特勒前一天所见证的冷漠也无法鼓舞他。站在帝国总理府的阳台上，他检阅了一支摩托化师隆隆地穿过柏林。街道上几乎没有人观看这支队伍，而那些静静观看的人无法为投入另一次战争的部队振奋一丝热情。

无论他的理由是什么，总之希特勒要求法国、英国和意大利的领导人9月29日在慕尼黑开会。他别有用心地遗漏了捷克斯洛伐克的领导人。当邀请转发到这些国家的首都时，一阵如释重负的感觉传遍西欧。布立特大使报告说，巴黎的情绪只能比作"当休战书已经签字的消息传来时那种解脱的感觉"。在柏林，当弗朗西索－庞赛报告说达拉第将来慕尼黑时，戈林高喊："感谢上帝！"

在伦敦，张伯伦正在就危机的问题向英国下议院发表演讲。走廊里是太后和其他皇室成员、高级教会成员以及许多大使。当首相的演讲即将结束暂停一下时，一份文件塞到他手里。他看完然后再次转向听众。"还没有完，"他说，"我还有一件事告诉下议院，我现在已经接到希特勒先生的通知，他邀请我明天上午同他会晤。他们还邀请了墨索里尼先生和达拉第先生。墨索里尼先生已经接受了。我不需要说我的回答将是什么了。"欢呼声突然爆发出来，下议院全体起立鼓掌。

但是，关于捷克斯洛伐克的重大决定已经做出了，前往慕尼黑的政治家们只对批准它们感兴趣。贝奈斯因此向张伯伦发出请求，希望派一名捷克代表出席，这样"在没有听取捷克斯洛伐克意见的情况下，慕尼黑也许什么也不能决定"。张伯伦只是答应"把这一点记在心里"。他知道得很清楚，希特勒控制了这个会议，将由他决定谁可以参加。

墨索里尼在希特勒的陪同下首先抵达慕尼黑。希特勒之前乘坐他的私人专列在老的奥德边境的基弗斯芬尔登迎接领袖。墨索里尼带来了一个在捷克斯洛伐克的德意志人的要求清单，这份单子是德国外交部临时搞出来并发给罗马的。可是，希特勒对谈论这些要求不感兴趣。他热烈地同墨索里尼谈论这场战争，两个国家必须迅速向法国和英国开战。

张伯伦怀着愉快的心情抵达。在他离开的前夕，他收到了罗斯福总统两个字的电报："好人。"他在唐宁街10号告诉欢呼的人群他们可以回家并安静地睡觉："现在一切都会好的。"另一批欢喜的群众等在慕尼黑摄政宫饭店，一支乐队在那里演奏小夜曲《兰贝斯慢步舞》迎接他。

同时，弗朗西索－庞赛会见了达拉第，达拉第从飞机上下来时显得"郁闷和心事重重"。在四季饭店，他向代表团成员作了一个简短的讲话。"一切都取决于英国人，"达拉第说，"我们除了跟随他们什么也做不了。"

中午刚过，首脑会议在慕尼黑元首大厦召开，这是一个作为纳粹党总部的难看的混凝土建筑。希特勒看上去脸色苍白还有点紧张。他在楼上的一个沙龙里接待了他的客人，在那里举行了一个自助餐式的午宴。达拉第从来没有见过元首，他的第一印象是令人忧虑的："他迟钝的蓝眼睛在简短问候时不停地转动，给人一种强硬和生疏的印象。他穿着非常简单，像一个普通人一样穿着一件卡其布上衣，右衣袖戴着一个纳粹袖标，长长的裤子盖在磨损的黑皮鞋上。"达拉第判断他能做任何事情。

希特勒对自助餐没有兴趣，所以首脑们和经过挑选的助手们——总共8或9人——来到他的办公室休息。会议组织得非常匆忙，以至于没有议程表，没有座位安排，桌上没有便笺本和铅笔，墨水瓶里也没有墨水。希特勒感谢他的客人到来，然后陈述现在人所共知的捷克人的罪状。他粗暴地拒绝了张伯伦提出一名捷克代表应当出席的请求，而张伯伦没有再坚持。讨论在漫无目的地进行，直到墨索里尼从口袋里取出德国人前一天下午发给罗马的那份清单。他现在把这个要求清单作为他自己的调解意见提交出来。这份清单被翻译好后，张伯伦和达拉第同意对这个文件进行讨论。进行这样的讨论意味着他们实际上放弃了反对希特勒关于捷克斯洛伐克阴谋的任何努力。尽管他们不知道这个备忘录是德国外交部起草的，但是他们很快意识到这些要求就是元首所要的东西。

没有什么事情留下来让首脑们去做了，除了制定出捷克妥协的具体细节。在这个沉闷的下午，大使们、官员们和助手们频繁进出希特勒的办公室。为了准备协定文本，助手们和秘书们来回传递新的版本和译本。法西斯黑衫党和年轻的党卫队军官挤满了走廊。戈林非常引人瞩目，弗朗西索－庞赛认为戈林的白色制服"突出了他的曲线"。墨索里尼是会议桌旁唯一看上去很快乐的人。达拉第显得忧郁和痛苦，张伯伦显得疲倦和呆滞。希特勒坐在沙发上反复交叉他的腿并且不时举起他的手表，仿佛他的忍耐已经达到了极限。当深夜到来时，一个为各代表团举行的国宴不得不取消。最后，9月30日凌晨，《慕尼黑协定》用四种语言打印出来并由四国领导人签字。他的要求得到了满足却被剥夺了战争，希特勒愤怒地胡乱签了他的名字。一名英国外交官写道："仿佛他在被要求签字放弃他的生存权利。"

文件很短。它的序言承认割让苏台德地区已经得到同意，接下来写的是"期限和条件"。实际上，希特勒已经给出了期限，甚至是时间表——10月1日至10

1938 年 9 月 29 日的《慕尼黑协定》，上面是 4 个欧洲国家政府首脑的潦草签名：法国的达拉第、意大利的墨索里尼、英国的张伯伦和德国的希特勒。最右边的图里，当希特勒弯腰

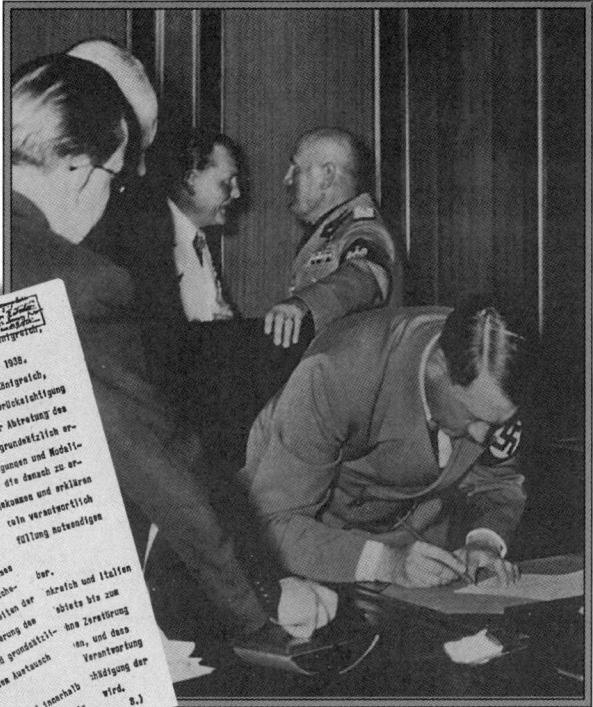

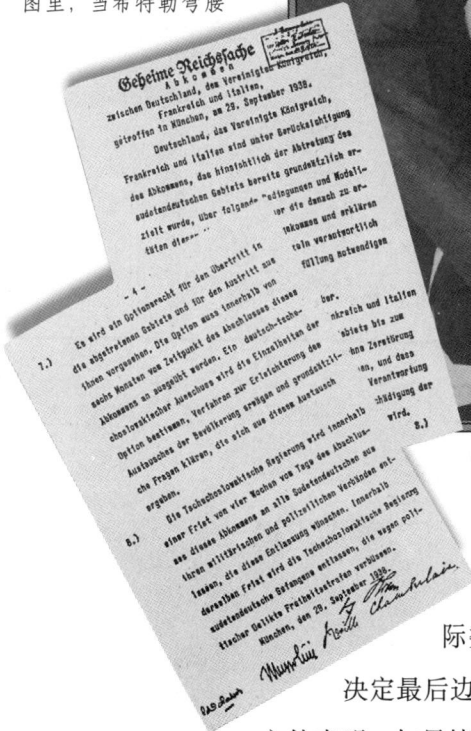

签署协定时，墨索里尼在同赫尔曼·戈林交谈，《慕尼黑协定》把苏台德地区交给了德国。元首许诺，这是"我在欧洲的最后要求"。

日撤出苏台德地区，现在建议由来自德国、英国、法国、意大利和捷克斯洛伐克的代表组成的国际委员会监督这次撤出。委员会还将决定最后边界线的位置。这个协定的一个附属文件表明，如果捷克斯洛伐克、波兰人和匈牙利人少数民族的问题在 3 个月内得不到解决，那么四大国的首脑将再次开会。在另一个附属文件中，英国和法国担保捷克斯洛伐克新的边界线，而德国和意大利答应波兰人和匈牙利人的要求一得到解决他们就这样做。

　　在冗词废话后面是生硬的现实，《慕尼黑协定》削弱了捷克斯洛伐克这个国家。捷克人失去了他们的边界防御工事和大量的铁路网，还有绝大多数的钢铁、化学制品、纺织品、煤和电力工厂。在1.6万平方英里的领土里，他们放弃了长期生长的木材储备。捷克斯洛伐克不仅向德国让出了350万德意志人，而且还有成千上万当地的捷克和斯洛伐克平民。

　　所有的文本都已经签字，希特勒感谢过与会者后，英国人和法国人还有一个不愉快的工作——告诉捷克人左图，距德国边界 10 英里的一个苏台德家庭里，他们在制作一长串小三角旗欢迎希特勒的侵略部队。下图，当德国士兵穿过边境城镇阿舍时，身穿农民服装的少年们加入到胜利游行中。

痛苦的消息。会议的那天下午，捷克外交部的休伯特·马萨里克和捷克驻柏林公使伏伊特赫·马斯特尼作为隶属于英国代表团的观察员来到慕尼黑。马萨里克回忆，他们在机场受到像"警察对嫌疑犯"一样的接待。在盖世太保特务的陪同下，他们被带进一辆警车前往摄政王宫饭店而且被限制在他们的房间里，门口有一个警卫把守。第二天早上两点一刻，张伯伦和达拉第在张伯伦的屋子里会见了他们并给他们一个协定的副本。马斯特尼大声朗读，泪流满面。当马斯特尼问是否希望得到他的政府的答复，他被告知已经没有时间讨论了，因为德国占领的第一阶段将从第二天开始。

的确，当早上 6 点布拉格接到慕尼黑协定的副本时，形势很清楚，已经没有什么可说或可做的了。总理杰·希罗维痛苦地说，捷克斯洛伐克是在"被谋杀或自杀之间"之间作出选择。政府决定屈服后，以参谋总长为首的 6 名高级将官呼吁贝奈斯重新考虑。他们说，现在是战斗的最好时机。陆军已经动员了125万部队对抗德国聚集在边界的37个师。国家肯定能坚持好几个月，到那时西方大国将觉得羞耻而给予援助。但是，贝奈斯对英国和法国缺乏信心，他悲伤地拒绝了他的将军们。那天晚上，在对全国的演讲中，希罗维宣布："我们被抛弃了，我们很孤立。我们的选择是一个拼死而无望的抵抗或接受历史上无比残酷的条件。"10月1日，德国军队开进苏台德地区。

与此同时，慕尼黑协定的签字者们回国受到几乎全世界的喝彩。张伯伦在慕尼黑逗留了足够长的时间，还在元首的寓所里安排了一个私人会见。在那里，他说服希特勒签订一个简短的盎格鲁－德意志友好声明，宣布两个国家希望通过协商而不是战争调解未来的纠纷。带着对自己的高度的满意，张伯伦回到英国，英国群众排列在他从机场回来的道路两侧，用狂热的欢呼声迎接

约瑟夫·提索神父，一名天主教神父和斯洛伐克民族主义者，从捷克斯洛伐克的分解中冒出来成为一个新纳粹傀儡国的总理。希特勒给了提索一个选择：投入到纳粹德国的怀抱或者眼睁睁看着斯洛伐克划给波兰和匈牙利。

捷克斯洛伐克最东边的卢西尼亚省的匈牙利农民们欢迎被当作解放者的占领该地的匈牙利军队。前排狂喜的男子高举着一张尼古拉斯·霍尔蒂的画像，霍尔蒂是第一次世界大战匈牙利的摄政王和英雄。

他。在白金汉宫，他接受了国王的感谢。他告诉唐宁街10号外面的群众，他已经带回"体面的和平"并且相信这是"我们时代的和平"。

群众们高呼"和平"欢迎达拉第，妇女们抱着她们的婴儿跑上前去让他抚摸。法国全国城镇都将他们主要街道的名字改成爱德华·达拉第街。一个同样的欢迎仪式在等着墨索里尼，他同希特勒穿过呼喊"元首！领袖！"的人群步行到火车站。当他回到罗马时，他耀武扬威地穿过一个复制的君士坦丁拱门。

然而，在国际上齐声欢呼的声音中也有持异议的声调。激动的温斯顿·丘吉尔断言慕尼黑是一个"头等

的灾难"，而且预测这"只是清算的开始"。在法国，达拉第本人私下里说他在慕尼黑过了几天"恐怖的日子"。当他的飞机降落在巴黎时，他看到下面的人群第一个念头就是他们等在那里是要攻击他。当他意识到他错了时，达拉第大声骂道："白痴！他们不知道他们为什么鼓掌。"

这些持不同见解的人当中最突出的就是阿道夫·希特勒。远没有认为慕尼黑是一次胜利，他认为慕尼黑协

一支德国摩托车部队穿过伏尔塔瓦河上的查理斯桥，被吓坏的布拉格市民在一旁观看。德军占领该城遇到的唯一抵抗是许多雪球掷向这些部队。

定是一场灾难。这个协定剥夺了他想要的战争，而且他认为这个事件是他一生中最大的错误。在他生命即将结束时，他后悔张伯伦造成他推迟了一年才开始他的战争。"我们应该在1938年发动战争，"1945年2月，他站在柏林的地堡里说，"1938年9月是最有利的时期。"

无论这些领导人怎么看待慕尼黑协定，形势很快就变得明朗了，这个协定没有带来张伯伦所承诺的"我们这个时代的和平"。授权制定德国占领细节的国际委员会很快发现它没有实权。在里宾特洛甫坦率地解释如果需要他们将通过武力建立边界线之后，德国将军们获得了他们希望的边界线。举行全民投票表达人民的意愿的想法被放弃了。当弗朗西索试图提出一个更符合捷克人愿望的折中方案时，他遭到了里宾特洛甫的谴责，而且他自己的政府也提醒他一定"不要做任何事情破坏慕尼黑协定的影响"。

10月中旬，希特勒让他的将军们准备最后清算捷克斯洛伐克的计划。同时，他继续实施从内部分解捷克斯洛伐克的策略。当匈牙利和捷克斯洛伐克不能就新边界达成一致时，希特勒专横地制定了一条新的东部边界，这使100多万斯洛伐克人和卢

1939年3月15日，当德军摩托化部队未遭抵抗通过布拉格时，迎接他们的是紧握的拳头和愤怒的面孔。

151

西尼亚人成为匈牙利公民。同一时间，德国煽动斯洛伐克和卢西尼亚省的剩余部分要求几乎完全的自治。德国的宣传部发动了一场谴责布拉格政府对斯洛伐克少数民族实施恐怖统治的运动。斯洛伐克的德国特务招募斯洛伐克民族主义者制造骚乱，以便让希特勒能够证明德国的占领是结束无政府状态的唯一选择。贝奈斯总统被慕尼黑危机和国家持续不断的骚乱搞得焦头烂额，在德国的威胁下于10月5日辞职并流亡到英国。他被艾米尔·哈查取代了。哈查是一个66岁的法学家，患有心脏病，据他自己承认，他对政治一窍不通。他试图恢复正在迅速分裂的国家的秩序，开始同斯洛伐克民族主义领袖谈判。当这次努力失败时，他做出了让希特勒得益的事：逮捕了主要的斯洛伐克分裂主义分子并解除了斯洛伐克总理约瑟夫·提索的职务。德国做出回应，向斯洛伐克议会施加更大的压力，导致议会成员全体一致投票支持独立。

3月14日，饱受挫折和疾病困扰的哈查要求见希特勒。第二天凌晨一点一刻他被接见了，希特勒故意选择这个时间来消磨哈查的抵抗意志。元首告诉哈查，捷克斯洛伐克的形势太混乱了，因此他不得不派遣军队恢复秩序并建立一个保护国。陆军将于6点进军。如果哈查领导捷克陆军和人民不进行抵抗，那么将保证给予他们某种程度的民族自由。否则，捷克斯洛伐克将被无情地轰炸并且被作为一个被征服的国家来对待。

　　哈查试图讨价还价，但是他受到希特勒、里宾特洛甫和戈林的折磨，以至于两次昏倒在会议桌上并不得不由希特勒的私人医师给他注射兴奋剂。最后，在4点钟，他签署了一份公报，上面说他"满怀信心地把捷克人民和捷克国家的命运交到德国元首的手中"。希特勒现在被请求出兵。在另一份准备让他签字的公报中，哈查要求捷克军队待在他们的军营里并放下他们的武器。

　　那天上午大约10点钟，美国大使馆的政治官员，年轻的乔治·坎南看到第一辆德国装甲车在猛烈的暴风雪中开进布拉格。"一群愤怒而好奇的捷克人默默地看着，"他写道，"许多妇女在用手帕擦眼泪。那天摩托化部队轰鸣着重重地驶过鹅卵石街道，成百辆车上面还盖着积雪。到晚上，占领完成了。到8点宵禁时人们在街道上受到追捕。这样的布拉格街道让人感到非常奇怪，平时非常热闹，现在完全空了。"独立的捷克斯洛伐克灭亡了。

当华沙逐渐成为一个主要的工业城市时，穹顶式的圣亚历山大教堂是周围19世纪中叶修建的建筑物中最高的建筑。大教堂两侧漂亮的公寓建筑里住着富有的商人和制造商。

在曾经是波兰国王居住的萨克森宫殿前面，一对夫妇乘坐一辆马拉出租车。

一个骄傲城市的
最后日子

和平时期的华沙甚至可以挑战巴黎和罗马那激动人心的街景和建筑艺术的珍宝。华沙从维斯瓦河河畔的一块平地上发展起来，有树木成荫的街道和翠绿色的公园，有树木遮掩的中世纪小街和高耸的尖塔，这些是一个都市的精华。这个城市奢侈无度、富丽堂皇的宫殿使游客们眼花缭乱，它骄傲地体现了城市繁荣的全部文化氛围——精致的博物馆、一个著名的大学、一个宏伟的歌剧院。

每个地方都散发出浪漫的魅力。舒适的马拉出租车在街道上来回往返，农夫们在露天市场出售他们的农产品，在中世纪手工业者曾经汇集的同一条街道上工匠们编织衣服和制作鞋子。

作为恢复立国的波兰首都以及汽车和飞机工业的一个新中心，一战后的20年里，华沙人口增加了一倍，达到135万人。经过决定性的1939年夏天，沿着乌亚兹多瓦斯卡街喝着早茶的华沙居民有充足的理由感觉他们的未来是光明的。甚至那些察觉出欧洲政治气候中不祥寒意的人也从城市箴言中得到安慰——尽管很短暂。这个城市的箴言是："它蔑视暴风雨。"

16世纪修建的狭窄的4～5层的房屋矗立在旧城区。这个城市的历史几乎有1000年了。

慈善机构的修女们。她们是首都一家经营医院的宗教团体的成员,正穿过市场广场前往附近的圣约翰天主教堂。战前华沙75%的人信仰天主教。

一个女孩坐在一座以航海船浮雕闻名的18世纪房子前。浮雕是个时期的遗迹，当时木船运输谷物顺着维斯瓦河到但泽，再通过但泽走海路转运到北欧的港口。

电车行驶在华沙的主要商业干道马斯扎科斯卡大街。皮草行、裁缝店、珠宝店和一个美食店位于这个街道上以迎合华沙最富裕市民们的需求。

购物的人在一条鹅卵石铺成的小街上挑选出售的农产品。每天早上，小商贩去维斯瓦河畔用他们的手推车装满从各地农场运来的食物和鲜花。

一个犹太零售商从他可折叠
的货物架后面向外望。货架上有
纱、衣架、吊裤带和鞋垫。华沙
有将近35万犹太人，是欧洲犹太
人最多的城市。

华沙郊外工人家庭聚集区中
的一个市场，披着格子花呢披肩
的农妇们同她们的顾客混在一起。
勤劳的妇女们出售水果、蔬菜、
香肠、乳酪，以及用绿叶包着保
鲜的黄油。

拉岑基宫，建于18世纪初，作为斯坦尼斯劳·奥古斯特国王的夏宫，位于一个公共公园里。星期天做完礼拜后情人们在那里约会而许多家庭在那里野餐。

一名陆军下士和他的女朋友——女朋友的帽子表明她是一个大学生——在乌亚兹多瓦斯卡大街散发芳香的欧椴树下漫步。这个街因为有很多室外咖啡店，而成为华沙闻名的"爱丽舍田园大街"。

来自空中的
猛攻

1939 年 9 月 1 日，在一个昏暗的飞机场，德国空军轰炸机机组成员消磨进攻前的时光，他们感到他们将要创造历史。他们的任务是对波兰战舰和港口设施发动闪电袭击，这是一次罕见的空中打击行动的一部分。它的宗旨不是别的，就是在一次大规模的打击中摧毁一个国家自卫的能力。

当战争爆发时，浓雾天气的反复无常延迟了攻击并浪费了德国人发动闪电战的时机。一旦天气晴朗，上百架双引擎的亨克尔 111 和道尼尔 17 飞机就呼啸地飞到波兰平原上空，炸毁机场、摧毁桥梁并恐吓平民。20 几架斯图卡轰炸机低空飞行支援德国坦克和步兵。但是到现在才警觉的波兰空军把他们的飞机转移到辅助跑道上并起飞迎战入侵者。波兰飞机和高射炮击落超过 70 架德国轰炸机，证明德国轰炸机的防卫武器是不够的。但是，德国空军在数量、通讯和战术安排上占有优势；分散的波兰飞行队尽管很英勇，但是只能进行局部的反击。德国俯冲轰炸机成为飞行的炮兵，在进攻的坦克部队前面俯冲摧毁敌人的要塞。由战斗机护航的亨克尔和道尼尔飞机令波兰陆军瘫痪，增援部队、补给和弹药没有抵达前线前它们就被消灭了。这里和接下来几页的照片显示了这些飞行部队中的一支部队的表现，为纪念德国一战中的英雄将军，这支部队被命名为"兴登堡大队"。正如上面的徽章所示，兴登堡大队的飞行员专门轰炸铁路。但是整个波兰都是他们的目标，因而他们残酷地轰炸每一个地方——甚至包括华沙的市中心。这次战斗后，这些照片被收入到一本相册中作为胜利的纪念品送给了希特勒。

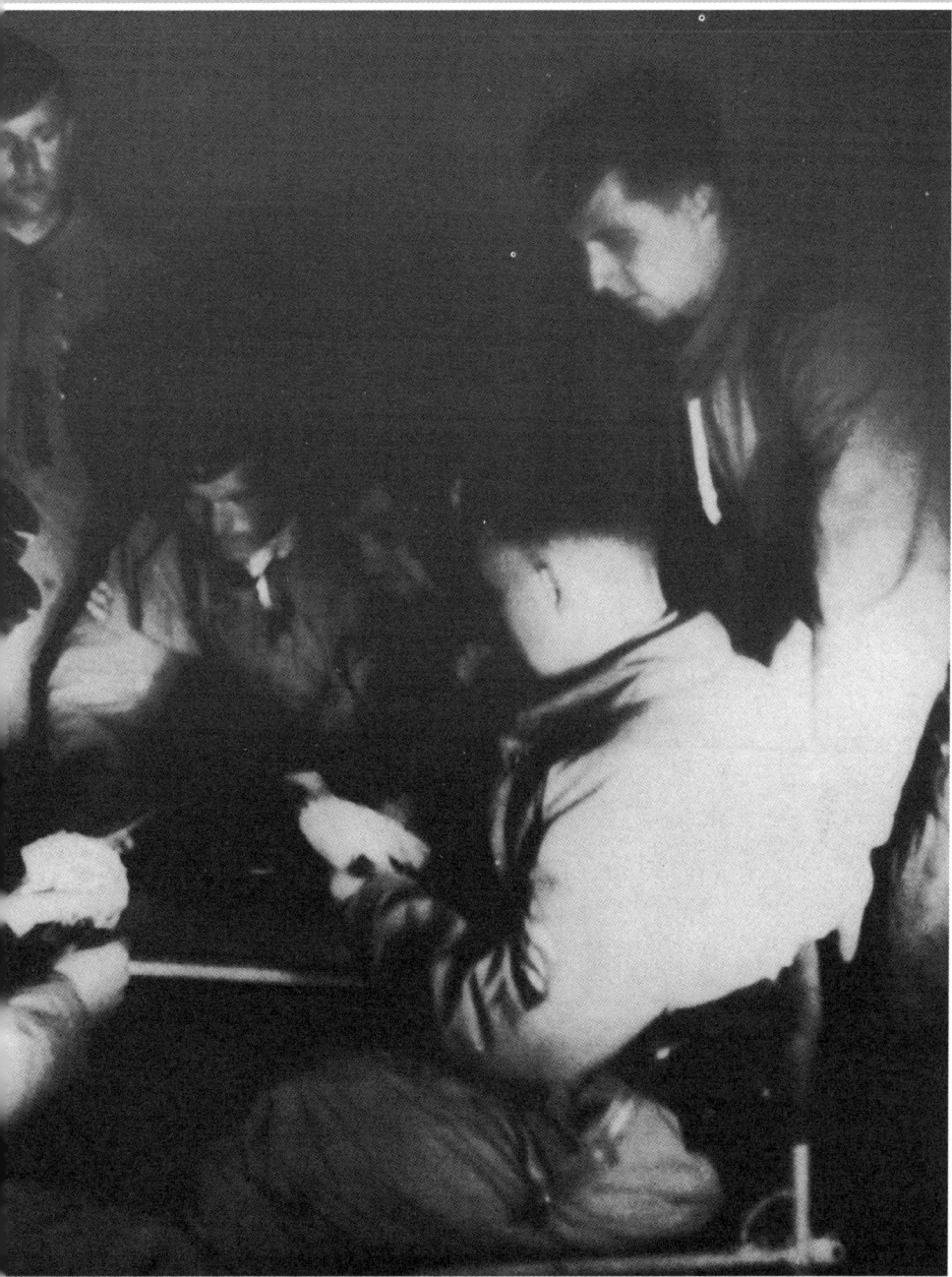

德国士兵聚精会神地玩一个叫作斯开特牌的纸牌游戏。波罗的海海岸科尔伯格附近的基地里，兴登堡大队的飞行员们在9月1日凌晨前消磨进攻前的时光。

兴登堡大
队的地勤人员
正在为亨克尔
轰炸机上的3
部7.92毫米机
枪使用的弹筒
安装子弹。这
种防御武器甚
至在对付波兰
轻型武装飞机
时都不够用。

另一个地
勤人员在把燃
烧弹装进亨克
尔111前把2.2
磅燃烧弹堆放
好。德国空军
的中程轰炸机
投下了成千上
万颗铝制和镁
制燃烧弹,这
种燃烧弹一击
中地面就会立
刻燃起猛烈的
火焰。

用力把橡皮管拖到机翼上，一组地勤人员正在为一架亨克尔 111 轰炸机注满高效辛烷燃料。迅速地补充燃料使这个大队能够从科尔伯格基地起飞，一天进行 3 次或更多的空袭。

在夏季末的炎热中，两个军械修护员脱掉衣服，他们把 110 磅的高爆炸弹装进一架亨克尔轰炸机的机腹。这种多用途的炸弹用来炸毁建筑物，炸断铁轨并在公路上炸出弹坑。

在敌人的领空
上，一名亨克尔
轰炸机的投弹指
引员背着一个十
字形的降落伞包，
透过机头环绕的
玻璃清楚地观察
一个波兰城镇。

一名飞行员坐
在控制室里，控制
室位于投弹员的上
后方，但是在同一
个玻璃罩环绕的
前区。

专心致志地
搜寻也许已经起
飞的波兰PLZ-P
11战斗机，一名
机腹机枪手在瞄
准，这是安装在
飞机下面一个无
盖舱里的唯一一
挺机枪。

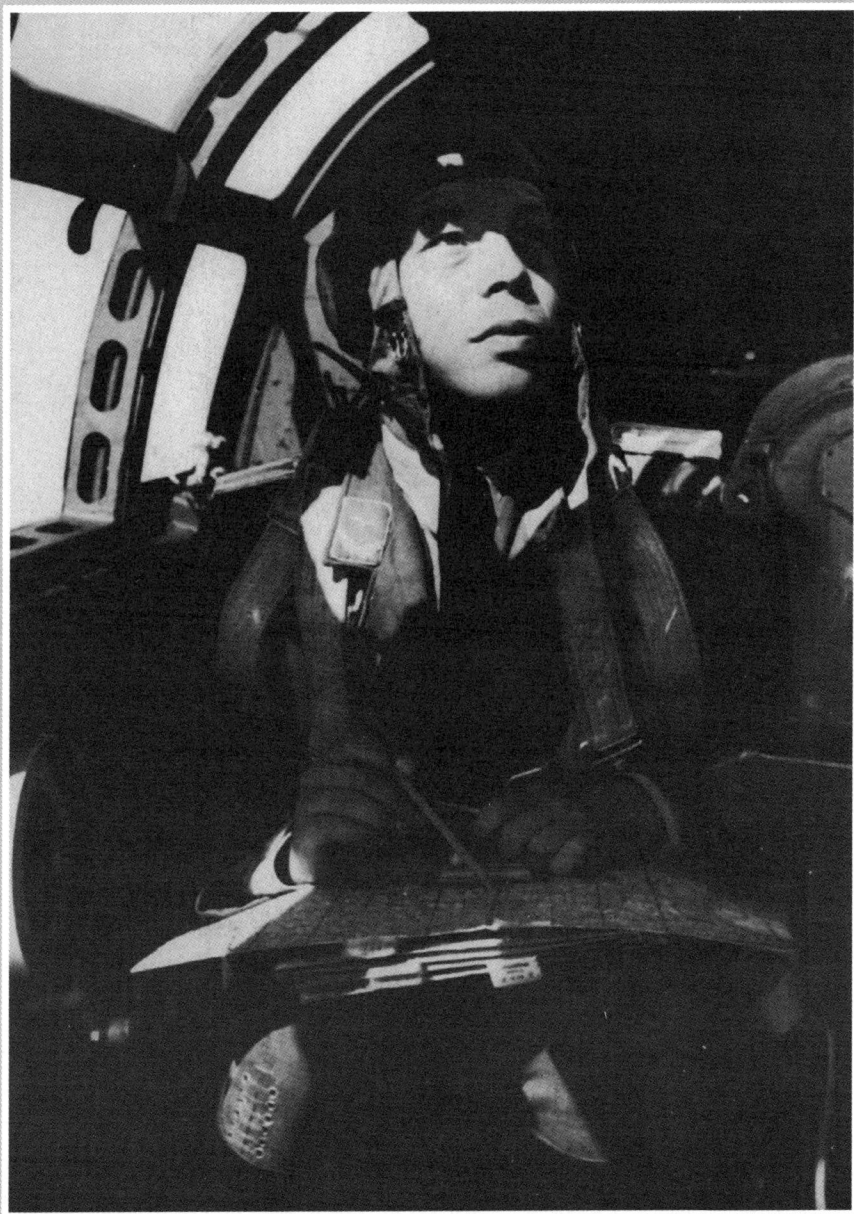

　　用铅笔、一张航图和一个装在膝盖上的罗盘，投弹指引员在计算亨克尔轰炸机飞往波兰目标的航线。当不操作投弹瞄准器时，指引员在飞行员旁边的座位上。

　　透过一架轰炸机转动的螺旋桨望去，另一架载满燃烧
弹的亨克尔轰炸机向波兰北部遍布湖泊的农村飞去。

　　一串炸弹向地面落去，目标是战线后面穿过农田的一
条战略公路。可以看见由执行任务的飞机扔下的炸弹正在
下面爆炸。

飞入波兰纵深的亨克尔轰炸机投下的炸弹已经破坏了布格河上的一座桥梁，切断了一条来自东部的重要补给线。

171

经过一次低级别的轰炸后，华沙附近储藏汽油的油罐冒出浓烟。德国空军限制轰炸人口稠密的首都而转向这样的战略目标，直到撤退到华沙的波兰军队加固了它的街道和建筑物。

华沙维斯瓦河两岸熊熊燃烧的大火使天空充满了烟雾。9月底大规模的燃烧弹点燃了华沙的全部地区，大火加重了对华沙被包围守军的考验。

4. 失去束缚的军队

这 次召见在 1938 年秋本来会吸引每个欧洲外交官的注意力。希特勒笨拙的外交部部长冯·里宾特洛甫希望波兰驻德国大使约瑟夫·利普斯基 10 月 24 日陪他在贝希特斯加登的大饭店吃午餐。鉴于里宾特洛甫同奥地利和捷克斯洛伐克代表谈话后发生的惊人事件，并且考虑到普鲁士和其他邻国曾把波兰从欧洲地图上抹去过一个多世纪——直到 1919 年按照《凡尔赛和约》协约国重新建立波兰这个国家——这次邀请一定令波兰大使的大脑急速转动。

但是，利普斯基大使有理由相信没有什么可怕的。波兰同德国的关系从来没有如此友好过。波兰同纳粹德国签订的 10 年互不侵犯条约才进入第四年，而且作为最近签订的一个贸易协定的内容之一，波兰仍然享有最惠国待遇。另外，希特勒公开声明吞并苏台德地区——不到一个月前在慕尼黑会议上得以实现——已经满足了他在欧洲的"最后领土要求"。

认真考虑了里宾特洛甫的邀请后，利普斯基和他的外交部部长约瑟夫·贝克看到很有可能为波兰推动实现他们的目标。自从发现法国和英国都似乎不反对德国在中欧的侵略行径后，为了赢得他们能得到的外交和领

1939 年 9 月 16 日，第四装甲师的一个装甲纵队穿过华沙西面 40 英里的布格河浅滩。不合时令的干旱天气对入侵者很有利，因为这使河水变浅可以徒步涉过，而且地面变得足够坚硬能够承载重型车辆。

土承认，波兰领导人决定独立行动。贝克思想的背后是一个所谓"第三欧洲"的大蓝图——波罗的海和巴尔干地区国家为抵御纳粹或苏联的侵略而组建一个集体安全联盟。44 岁的贝克，性格孤僻、不讨人喜欢，在现代波兰第一位总统、传奇人物约瑟夫·毕苏斯基元帅于1935 年去世后，贝克是统治波兰政府的 3 个前陆军上校小集团成员之一。当总统伊格纳西·莫西西斯基掌握政权而爱德华·里德茨－施密格利元帅控制武装部队时，贝克拥有外交领域的全部权力。在他的领导下，波兰充分利用德国的"刺刀尖"外交来解决旧有的怨仇。

德国吞并奥地利 3 天后，贝克向立陶宛发出最后通牒，威胁立陶宛如果不同意在 48 小时内建立外交和贸易关系就要发动战争。他的目标是建立一个由波兰、波罗的海国家和斯堪的纳维亚国家组成的不结盟集团。尽管波兰和立陶宛有几百年的历史渊源，但两国关系却在 1919 年出现了问题。这一年波兰和新生的苏联在他们的共同边界开始了长达 6 个月的血腥战争。起初苏联红军攻占了立陶宛的维尔纽斯（Vilna），随后波兰军队发起进攻，又将红军逐走。该城为波兰元帅毕苏斯基的出生地，人口大多属波兰族裔。但当立陶宛要求归还该城时，波兰人却拒绝撤出。囿于军事上的软弱，立陶宛只能采取它所能采取的最严厉的方式进行报复——不仅断绝外交关系，而且切断了所有的电报线路以及连接两国的铁路和公路。将近 20 年了，立陶宛甚至拒绝同波兰举行谈判。

波兰的行为曾使希特勒有点措手不及。他随即下令德军最高统帅部制定进军立陶宛的计划，以防立陶宛和波兰发生战争。元首的目的是占领波罗的海不冻港梅梅尔以及尽可能多的立陶宛领土。与此同时，立陶宛领导人拼命地寻求国际社会支持以阻止波兰的威胁，但是列强一心想着对付纳粹德国。立陶宛人发现他们孤立无援，除了屈服之外别无选择。

当希特勒盯着捷克斯洛伐克时，贝克明确提出用威吓战术对付捷克斯洛伐克陷入麻烦的领导人。当希特勒逐步为吞并苏台德地区的要求加码时，波兰同样要求归还 400 平方英里、蕴藏丰富煤矿的工业区特申。1920年捷克斯洛伐克从波兰那里赢得这个地区，当时两国边界线是由协约国规定的。

在这场危机逐步恶化的过程中，波兰始终与希特勒步调一致，坚持特申的波兰族人应当享有同苏台德地区德意志人一样的权利。而且，尽管波兰未能将这个要求加到慕尼黑会议中，但是波兰赢得了一个同样的胜利。1938 年 9 月 30 日，波兰人要求捷克斯洛伐克军队立即撤出特申。布拉格政府答应了，第二天当纳粹占领苏台德地区时，波兰部队进驻这个地区。

波兰出乎意料的行动使华沙政府失去了西方的朋友。美国总统富兰克林·D. 罗斯福评论道，特申事件使他想起一个大男孩和一个小男孩在操场上的一场打斗。当大男孩把小男孩摔到地上时，"第三个男孩走上前并猛踢小男孩的肚子"。另一方面，赫尔曼·戈林对占领特申表示称赞，称之为一个"用精彩方式完成的、非常勇敢的行动"。几乎没有人注意把这个地区交给波兰军队的捷克将军的评论。他警告说，不久以后，波兰自己将会把这个地区交给德国人。

当10月那天利普斯基驱车前往大饭店时，这种前景似乎还不太可能出现。里宾特洛甫热情地欢迎他，午餐开始得很顺利。但是没过多久，德国外长就触及核心问题。他提出3个关于"总体解决波兰和德国之间问题"的建议。

里宾特洛甫说，第一，波兰称作格但斯克的波罗的海海港但泽必须归还德国。当一战胜利者们重建波兰时，为了避免它被陆地所包围，他们奖赏给这个国家一条沿维斯瓦河到波罗的海的狭长地带。这个被称作波兰走廊的地区是从德国的东普鲁士割让出来的。尽管位于走廊北端的但泽绝大多数人口是德意志人，但是它被宣布为一个自由港，在国联任命的一名最高专员监督下进行民主管理。这个城市非军事化并且同波兰人分享关税、港口权以及其他行政管理权，波兰负责但泽的安全和对外交往。

这个决定使所有政治派别的德国人感到巨大的侮辱，但泽成了这两个国家之间的一个永久刺激物。20世纪30年代初当纳粹在但泽市政府赢得多数时，这种

1935 年议会选举期间，梅梅尔的德意志人游行庆祝各德意志人政党组成亲纳粹的联合阵线。根据《凡尔赛和约》，这个波罗的海港口割让给了卢西尼亚。

喧闹不断扩大。毕苏斯基总统曾警告他的波兰下属，德国将会通过对但泽的企图暴露它对波兰的真实意图。

里宾特洛甫的第二个建议有关波兰走廊本身。根据《凡尔赛和约》的条款，波兰不能禁止德国通过走廊到东普鲁士，但是可以对商业运输收取费用。为了终止这种外汇信用贷款的损耗，德国现在坚持修建一条通过走廊的高速公路和铁路，为此它要求拥有治外法权的地位。

外交部部长在回应波兰人要求延长 1934 年的互不侵犯条约时，间接提出了他的第三个建议。德国可以将

179

互不侵犯条约延长 20 年，但条件是波兰必须加入反共协定。共产国际（第三国际）自 1919 年召开大会宣告成立以来，全球共产主义运动的中心转到了莫斯科。第三国际支持推翻所有的非共产主义政府。德国和日本于 1936 年就反对共产主义的传播签署了反共协定。尽管波兰的反共立场十分坚定，但它却不能接受这样的要求。波兰同苏联也签订了互不侵犯条约。波兰的主要外交政策目标是在两个强大的邻居之间保持平衡。现在德国人要求波兰明确立场。答应这个条件意味着波兰向德国投降，这对波兰而言极为危险。两国外长谈了 3 个小时。最后，震惊不已的利普斯基离开了，仅仅过了半个小时又被召回到饭店。里宾特洛甫提出了一个新的建议。他说，同捷克斯洛伐克的麻烦也许会导致战争。如果波兰站到德国一边，德国人将不会使波兰失望：如果波兰想要一条同匈牙利接壤的边界，那么德国会表示承认。卢西尼亚可以从捷克斯洛伐克脱离出来并由匈牙利吞并，斯洛伐克也能够脱离出来成为波兰的附庸国。

德国人向利普斯基保证不需要他马上回答，但是波兰大使更明白。他赶上开往华沙的第一趟火车，向贝克做了汇报。两个人立即意识到波兰面临一场危机，但是两个人都没有完全抓住重点。里宾特洛甫实际上代替希特勒宣判了这个国家自由的死刑，即使这种自由没有真正存在。迄今为止，元首一直对波兰同步性的政策感到高兴，但他不能忍受波兰人不可预知的独立性。他决定确保他的东部边境，无论付出多大的代价，但是他准备在他肢解捷克斯洛伐克时给波兰人几个月的恩赐。然后波兰要么表示屈服，要么必须被武力征服。

尽管贝克能够感觉出隐约可见的战争幽灵，但是他觉得仍然有机会同德国达成交易。他心中怀有几个幻想。一个就是，他相信德国的提议仅仅是纳粹外交部部长发过来的试探性气球，不是希特勒政策的决定性原则。另一个就是，贝克相信德国也许把一个强大、具有同情感的波兰视作抵御苏联的一个东部缓冲区。这些假想导致贝克断定德国可以在外交上遭受挫折，特别是如果波兰和西方盟国站在一起的话。他派利普斯基去柏林对里

1939年1月5日，在希特勒山地别墅伯格霍夫积雪的台阶上，希特勒（背对相机）欢迎波兰外交部部长约瑟夫·贝克。在接下来的会议中，希特勒要求归还但泽以及享有经过波兰走廊到东普鲁士的通行权。

宾特洛甫建议的第一点作出答复：波兰将不会放弃但泽，而且德国任何占据的企图都"不可避免地导致一场冲突"。但是，波兰愿意就一个新但泽条约的问题开始谈判，新条约将缓和紧张局势并把国际联盟排除在外。

里宾特洛甫很善于恐吓对方，他让波兰大使空等了两个星期之后才答应召见他。这次他简单地提出要求就但泽问题和贝克面对面地进行谈判。利普斯基和贝克为波兰的下一步行动神经紧张地思索了几个星期。然后他们决定邀请里宾特洛甫来华沙。这个德国人反而提出贝克来德国并同希特勒本人会面。于是在 1939 年 1 月 5 日，贝克像奥地利总理库尔特·冯·许士尼格去年 2 月一样爬上贝希斯特加登的山顶。但是，贝克没有受到许士尼格那样的残酷接待。

这次，元首没有发出威胁和定下最后期限，但他也没有做出寸步退让。"但泽，"希特勒宣称，"是德国的并将仍是德国的，而且将迟早成为德国的一部分。"但是现在，元首晃动诱饵让波兰服从德国的统治。他说，捷克斯洛伐克这个渣滓国家必须被除掉。通过共同合作灭亡它，波兰能够获得报酬——一段德国承认的西部边境以及斯洛伐克更多的领土。

贝克离开时大为震惊。里宾特洛甫的提议事实上是希特勒的要求。他急忙回到华沙并警告他的政府为可能爆发的战争做好准备。对希特勒来说，会谈后他确信不能光采用外交压力来制服顽固、厉害、独立的波兰人。

元首加大了压力。3 月 15 日，他没有费神通知波兰就完成了捷克斯洛伐克的肢解。曾经许诺过的报酬——斯洛伐克，成为一个德国的卫星国。3 月 21 日，里宾特洛甫召见利普斯基并对他进行严厉斥责。到这个时候，德国军队已经取得了波兰南部边境另外几百英里边界线。外交部部长宣布，波兰对德国提案的答复令德国非常满意，为此元首已经开始怀疑波兰的诚意。

同一天，希特勒对卢西尼亚采取了行动。像波兰一样，卢西尼亚拥有一个唯一的海港——梅梅尔，它是根据《凡尔赛和约》从德国获得的，并且是纳粹的一个主要目标。希特勒好久以前就在采取初步行动破坏卢西尼亚的地位，组织了一个呼声强烈的纳粹少数派呼吁同德国重新统一。在能够解决同波兰的争端之前，他一直未采取更明显的行动。现在，怀着波兰能够默认的一线希望，希特勒转向立陶宛并要求立刻交出它的港口。3 月 23 日，立陶宛屈服了。

德国占领梅梅尔的第二天，贝克在华沙叫来他的高级外交官员召开一次会议。陷入绝望的利普斯基提出辞去他的大使职务以便其他人能够尝试挽救波兰的主权，但是贝克拒绝接受。他仍然准备同纳粹谈判，但不是不惜一切代价。他说，波兰将不会"加入那类允许规则强加给他们的东部国家"。如果波兰的独立受到挑战，贝克说，"我们将起来战斗"。外交部部长也不准备承认实现目标是无望的。贝克向波兰人保证，"尽管我们目前处境艰难，但所有的王牌都在我们手里"。

波兰掌握所有牌的想法似乎不现实，直到一个星期后伦敦发表了一个通电公告。3月31日，尼维尔·张伯伦首相代表英国和法国讲话，在下议院宣布两个国家最后已经在地上画了一条线。"一旦出现任何清楚地威胁了波兰的独立，以及波兰政府认为生死攸关必须用国家力量抵抗的行为"，他声明，两个国家都准备援助波兰。

张伯伦的决定激怒了希特勒。"我将炖一锅汤噎死他们。"他怒气冲冲地对德国最高统帅部反谍报负责人威廉·卡纳里斯海军上将说。第二天，希特勒利用出席铁比茨号战舰下水典礼的机会对英国进行了猛烈抨击。"如果有人希望采取暴力方式用他的力量同我们竞争的话，"他咆哮道，"德国人民将会接受这一挑战。"

在匆忙遏制纳粹威胁的过程中，英国和法国一直不重视苏联的作用，但是同苏联结盟的战略利益非常大，以至于张伯伦开始同莫斯科进行为时已晚的谈判。他希望英国、法国和苏联结盟反对德国进一步的侵略并保证几个东欧国家的安全，包括波兰。

与此同时，希特勒继续他的心理战，一边秘密地准备战争，一边扮成一个热爱和平的政治家。"我对希特勒的主要印象是，"英国驻柏林大使尼维尔·亨德森爵士写道，"他是一个国际象棋大师，研究棋盘并等待他的对手犯错。"4月3日，英国宣布同波兰团结一致

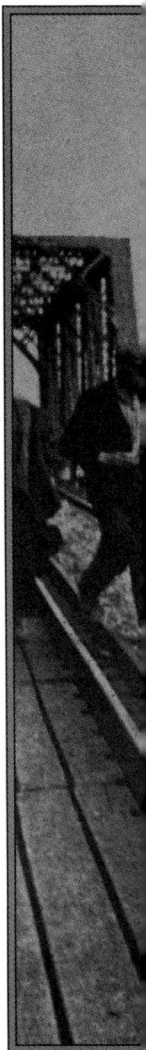

来自波兰的德意志难民穿过一个铁路桥进入德国。正当希特勒抨击外国的德意志人受到所谓的不公正待遇时，他却剥夺了犹太人在德国的生活权利，仅仅因为他们是犹太人。

的 3 天后，希特勒制定了"白色方案"，一个给德国武装部队的绝密指令。它要求制订侵略波兰的详细计划，准备于 1939 年 9 月 1 日执行。希特勒决心避免谈判。他感觉当西方大国在慕尼黑同意他的要求时，他们已经把他束缚住，把他的成功限制在了他的基本要求上。他过去一直想对捷克斯洛伐克发动一场战争，而现在他决定对波兰发动一场战争。

欧洲感觉到一场德波战争将要爆发。4 月 7 日当意大利入侵埃塞俄比亚时，紧张局势不断恶化。英国和法国做出反应并向希腊和罗马尼亚提供援助，罗斯福总统写信给希特勒和墨索里尼要求他们做出保证，他们将不进攻一个长长名单上的任何一个国家——总共有31个，波兰也在其中。

4 月 28 日，希特勒在一次向全世界广播的国会演讲中作出答复。宣称凡尔赛的德国代表"受到的屈辱比印第安苏安族的酋长所受到的屈辱还要大"，他对罗斯福的论点一个接一个地嘲讽。他说，德国进攻波兰计划的报道是"国际新闻界的捏造"。德国想要的全部东西就是建立在相互尊重基础上的一个和平条约。然后，他公开抨击 1935 年的英德海军协定并宣布 1934 年德波互不侵犯宣言已经"受到波兰单方面的破坏，从而已经不再有效"。国会用雷鸣般掌声拥护希特勒的决定。

波兰人仍旧希望达成妥协。5 月初，贝克用一个他自己的强硬讲话回应了希特勒。波兰将不会向德国的霸权屈服，他说："我们波兰人不承认不惜一切代价的和平概念。在人、民族和国家的生活中只有一样东西是无价的，那就是荣誉。"

在这一年的春末和夏初，贝克一直致力于增进他的政府同英法之间的了解。法国答应战争爆发时将通过空中打击德国，3天后进行牵制性的地面进攻，并在15天内发动一场全面攻入德国的战争。英国没有这么明确，提到皇家空军将进行轰炸，并可能从埃及派步兵通过黑海实施援助。对于波兰人来说不幸的是，法国人没有履行他们义务的意思。首先，法国情报机构大大高估了德国西部防线的力量。回想起一战期间法国所遭受的灾难，最高指挥部不想在没精心准备的情况下对德国发动一场重大攻势，15天时间显然不够。

受到盟国的支持——但却含糊和虚假——并肯定苏联将保持中立，波兰的将军们非常乐观地认为他们能战胜德国。他们想象能重现1920年的波苏战争：他们勇敢、训练有素的步兵拖住向边界后面坚固防御工事进攻的敌军或是深入波兰领土的敌军，直到强大的波兰骑兵插入德军后方，切断德军的供给线和联络。波兰已经充分准备好进行这样一次战役。的确，当全面总动员时，陆军人数达175万人，另外还有50万人的预备部队。

但是，在强大人员优势的背后，隐藏着令人吃惊的缺陷。波兰军事学说不重视参谋人员的作用。结果，20名陆军司令官里面没有一个接受过特殊训练。通信方面，陆军依赖不充足的民用电话和电报网。波兰的 800 辆坦克是陈旧的法国坦克或模仿英国坦克型号制造的坦克。它们没有组成坦克集群，而被分散部署在步兵部队里。波兰的野战炮兵装备优良的法国 77 毫米火炮的复制品，但不幸的是重型火炮早已过时了。现代的 105 毫米和 155 毫米榴弹炮装备进度十分缓慢。波兰火炮的火力控制系统也过时了，另外，没有一个炮兵团拥有完整的运输系统。20 世纪 30 年代初，波兰空军的战斗机曾经是世界上最好的，但是现在它们都已经陈旧不堪。935 架飞机中的许多只适合用于训练。

绝大多数的波兰战斗机是像如图所示的过时的 PZL-P11 战斗机。最高时速 243 英里，反鸥形机翼的 PZL-P11 不是速度更快的梅塞施密特战斗机的对手。

波兰的防御计划也是不完善的。将军们预计，当第二支德国部队从西里西亚向华沙进军时，他们会试图切断波兰走廊。波兰计划挡住边境附近德军的每一个攻势，期望使用他们仍旧没有完成的防御工事堵住德军可能的进攻路线。在最糟糕的情况下，他们将向东实施一次战术撤退，以消耗敌人兵力直到来自英法的压力迫使德军指挥部撤出一些部队去应付西线的威胁。然后，骑兵将发起攻击。

在战前的演习期间，波兰骑兵慢跑前进。当欧洲陆军正逐步淘汰骑兵部队时，波兰仍保留有40个骑兵团。之所以需要骑兵，是因为在缺少机动车辆、道路条件差以及在雨季期间当农村成为一片沼泽时，骑兵具有相对优越性。

于是，波兰人把7个集团军摆放在预期的入侵线路上，从北开始逆时针部署：那累夫集群和莫德林集团军，位于东普鲁士边界的南部；波麦腊尼亚集团军，位于下波兰走廊；波兹南集团军，位于最西端伸入德国的突出带；罗兹集团军，位于华沙和德波边界的中间；阡山集团，位于波兰南部边界线崎岖山峰的后面。一个总预备队被安排在首都的南面，但是东部同苏联的边界没有任何防御。

这个方案没有给法国参谋总长莫里斯·甘末林将军留下深刻的印象，他试图劝说波兰人集中兵力在国家的中央部分，大致沿华沙前面的维斯瓦河建立一条防线。但是这个战略在政治上不能被波兰领导人接受。他们认为，如果在交战的头几个小时波兰就让出人口密集的西部农业和工业地区给德国，那么波兰将会失去抵抗的意志。

波兰的将军们或德国以外的其他任何人都未能预见到的是，这种攻击是世界前所未有的。尽管德国最高统帅部的绝大多数人希望利用他们具有优势的步兵、炮兵和空军赢得战争，但是德国国防军已经获准以一种称为"闪电战"的战术概念演练他们这些军种，包括新的装甲坦克师和摩托化步兵。用令人炫目的速度和优势兵力实施快速打击摧垮敌军的战略思想对希特勒很有吸引力。更重要的是，他知道德国缺乏工业能力和心理准备进行一场旷日持久的战争。他决心不能重复1914～1918年的那种不断被削弱蚕食的战争。

当将军们在做准备时，外交官们在1939年夏末制造了一种紧张的僵持状态。然后，来自柏林的一个声明像一颗炸弹在欧洲的上空爆炸。8月21日星期一晚上11点，一个公告打断了德国电台的一个音乐节目：德国和苏联已经缔结了一个互不侵犯条约。

8月22日，里宾特洛甫飞往莫斯科正式签署条约的前一天，希特勒召集他的高级军事指挥官并命令他们8月26日凌晨4点一刻入侵波兰。也许英国人和法国人会让步，也许不会。他告诉与会的军官，他现在唯一害怕的是"某个龌龊的人提出一个调解的建议"。第二天，张伯伦警告希特勒：如果德国侵略波兰，英国将用

入侵者开始阶段的战略

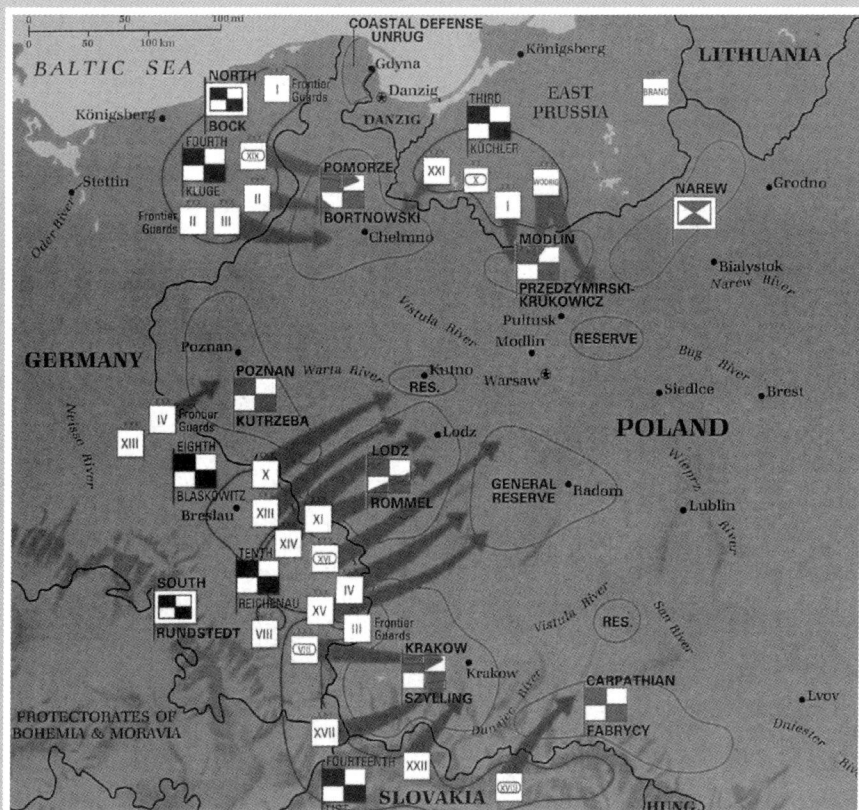

侵略波兰的计划要求一次大规模的、在首都华沙会合的钳形攻势，在铁钳中粉碎波兰军队。箭头显示出在头6天德军的作战中，北方集团军群和南方集团军群的行动方向。在北方，第四集团军穿过波兰走廊，封锁但泽，而第三集团军从东普鲁士向南进攻。在南方，突击的第八和第十集团军在第14集团军进攻克拉科夫时向华沙推进。

"他们指挥的所有军队"攻击德国，"并且一旦交战，就不可能预知敌对状态什么时候结束"。现在没有什么可怀疑的了，进攻波兰意味着战争。但是，墨索里尼拒绝了希特勒要意大利协助进攻波兰的请求，因为意大利还没有准备打一场全力以赴的战争。希特勒至少暂时地犹豫了，他推迟了入侵日期。

元首企图用熟悉的招数冲英国大使亨德森发火，但是没有效果。接着他拿出了一个荒谬的提议，如果德国占领波兰时英法不管，那么他将保证大英帝国的继续存在，尊重法国的现有边界。拒绝这个可笑建议的同时，英法继续寻找一个防止不可避免的战争的方法，并强烈反对波兰陆军进行全面总动员，害怕这一行动会激怒希特勒。波兰人同意了，他们在即将出现的侵略者面前犹豫不决并认为总动员也许会妨碍最后时刻的和解。在不分昼夜地调停中，英国人请求召开三方会谈。德国人要求波兰应当立刻派一名波兰政府的全权代表来柏林。意识到这相当于让波兰投降，于是英国的谈判人员拒绝把这个要求转告波兰人直到它过期。

德国人民对于这些疯狂的外交来往基本不知情。报纸和电台告诉他们波兰处在混乱之中，波兰军队正在迫害流亡国外的德意志人并正威胁德国的边境。自从1919年占领西里西亚后波兰在德国就一直不受欢迎，惩罚隔壁暴发户的景象是令人满意的。但8月28日星期一，德国人突然要面对食物定量配给卡，当希特勒推迟进攻波兰的命令还没有传达到农业部时就过早发放了食物卡。这些卡令人不安地回想起一战时期忍受的痛苦，那是在一场地区冲突成为全球战争后。

"今天每个德国人看上去都非常沮丧，"美国记者威廉·舍尔8月29日在柏林写道，"他们不能接受配给卡，这对他们来说意味着战争。当那天晚上每个人都知道可能要决定战争还是和平时，500万人口中不到500人出来站在总理府前。这些少数人冷酷且沉默地站在那里。"

希特勒已经决定要战争。为了激怒国内的公众舆论并缓和世界其他地区的公众舆论，他安排了一场恐怖惊人的表演。8月31日晚，德国军队已经开拔了，一支党卫队小队身着平民衣服命令12个集中营的囚徒穿上波兰陆军的制服。除了一名囚徒，其他人被带进一处距波兰边界10英里的森林并被处决。然后，党卫队队员押着那个幸存的囚徒来到一个电台附近。他们冲进去，抢夺了一个话筒，用波兰语广播了一个声明，说波兰正在入侵德国，接着打死那名囚徒离开了。证据很清楚，于是希特勒一次又一次地宣称：德国已经遭到侵略并只有起来自卫。

8月31日晚上6点半，利普斯基最后一次请求会见里宾特洛甫。在进入外交部部长办公室前，波兰外交官停下来盯着一张桌子，5年前他曾在这张桌子上签订了互不侵犯条约。然后他走进去，却被赶了出来，因为他缺少全权代表权。德国政府接着捏造了一个故事，指责波兰人拒绝派一名代表讨论德国的16条建议清单。

震惊全世界的一次火炮齐射，1939年9月1日黎明前，德国战舰"石勒苏益格－荷尔斯泰因"在近距离内向但泽附近韦斯特普拉特的波兰弹药库开炮。左图，党卫队部队在这一天的晚些时候穿过但泽，肃清波兰的抵抗。

第二次世界大战在但泽爆发，比计划提前了半个小时。在9月1日星期五早晨4：17，一群狂热的纳粹不法之徒包围了波兰邮局并要求他们投降。回答是一阵冰雹般的射击——这座混乱城市的邮局工人已经武装起来了——一场持续一整天的小规模但激烈的交战开始了。

被轻型武器射击惊醒的平民们认为他们正听到这座长期遭受痛苦的自由城市的又一场小规模冲突，但是来自港口的急骤枪声没能够轻易消失。陈旧但仍有作战能力的德国战舰"石勒苏益格－荷尔斯泰因"号，按理本在进行礼节性访问，却近距离地向韦斯特普拉特开炮。

如图所示，容克 87B-1 轰炸机携带一颗 1102 磅的炸弹或者一颗 550 磅炸弹以及装在机翼上的 4 颗 110 磅炸弹。一根吊杆吊住安装在机身下螺旋桨附近的炸弹，以免炸弹在俯冲中受到损害。

斯图卡：
恐怖的化身

1939 年 9 月 1 日，最先飞入波兰的丑陋的反鸥形机翼的容克 87 轰炸机为战争辞典加进了一个可怕的新名词：斯图卡，或称俯冲轰炸机。斯图卡是闪电战的先锋，以精确的轰炸摧毁目标或者作为空中火力支援地面部队。

容克 87 稳定的飞行特点和坚固的结构使它深受机组人员的欢迎。一般的飞行员都可以将装载的炸弹投到目标的 30 码范围内，而且机身不光滑产生气流的怪叫声，加上风驱动的俯冲汽笛，甚至在炸弹落下前被轰炸的人已经感到胆战心惊。

当从俯冲情况下提升起来时飞机飞行缓慢并易受攻击,容克87B-1轰炸机是唯一拥有轻型防卫武器的。飞行员（前座）控制两挺固定的7.9毫米机枪。无线电员（后座）操纵单独的一挺安在转轴上的MG15机枪。

这是第77斯图卡空军联队第二分队的容克87B-1轰炸机,上面涂有部队的纹饰(机翼的顶端),纹饰是在波兰战争后期获得的。波兰战争中所有的斯图卡轰炸机指挥员都使用这种B-1型轰炸机,它依靠一个1200马力的容克超级211发动机驱动。这种飞机水平飞行时时速为211英里,飞行范围是370英里。

韦斯特普拉特是一个位于但泽以北四英里的古老城堡，波兰人在那里有一个军事设施。大约在同一时间，德国空军也把炸弹投到空军基地、铁路、高速公路和城市上，世界末日的声音在波兰上空回响。

空袭没有取得德国空军所想象的压倒性胜利。波兰北部上空的浓雾抑制了大规模空袭华沙，因为雾干扰了飞行员搜寻目标的能力。在南方，那里天气比较好，德国人希望消灭地面上的波兰飞机，但是波兰人已经把他们绝大多数飞机转移到辅助机场跑道上，并且剩下的飞机勇敢地冲向天空。波兰飞行员迫使德国轰炸机付出了一定的代价，但是根本不能减缓猛烈攻势。由梅塞施密特110战斗机护航的轰炸机摧毁了波兰的铁路系统，将近100万响应前一天发布的动员令号召的士兵被阻塞在铁路上。

在全长1750英里的波兰和德国国境线上，装甲师集结好的坦克隆隆地驶向指定目标，爆发出德国机关枪的嗒嗒声和发动机的轰鸣声。咧嘴大笑的步兵停下来破坏障碍并协助宣传队的摄像师推倒边界标识牌。来自东普鲁士的由格奥尔格·冯·屈希勒中将指挥的德国第三集团军发动了两个方向的攻击，第一军和伍德里格军向南朝华沙方向猛攻，第二十一军向西南波兰走廊底部方向猛攻。古恩特·冯·克鲁格中将的第四集团军最先支持机械化作战，他的第十九军由海因兹·古德里安中将指挥，这个集团军向东突击从波麦腊尼亚进入走廊。

同空袭一样，北方的地面战斗受到恶劣天气的影响。步兵的空中和炮火支援没有作用，给第一次在炮火下作战的部队造成了混乱。古德里安在一个装甲军指挥官唯一能够发挥作用的地方——坦克师先头部队的一辆装甲车上。他回忆，德国炮兵向浓雾里开炮，"尽管已经接到不准这么做的严格命令"，他们干净利索地在他的指挥车前后各扔了一个颗炸弹。估计第三发将是一个直接命中，古德里安命令他的司机采取规避行动。吓破胆的司机全速把车子开进一个沟里，车子损坏了，但是德国最高级别的坦克专家奇迹般地没有受伤。

浓雾很快散去了，德军不断加速开进波兰走廊。第一边境警卫军在北端切断了走廊。埃伯哈德旅，一个由党卫队和当地自卫队组成的混合部队，占领了但泽——除了城市北部的韦斯特普拉特要塞外。在但泽以北 10 英里的波兰港口格丁尼亚，德军遭到了顽强的抵抗。同时，第四集团军穿越走廊较宽的底部以便切断波兰人撤退的线路并同第三集团军会合。第三集团军肯普夫装甲师的坦克，向南穿过走廊向华沙突击，在东普鲁士边界附近的马拉瓦遭遇到一些波兰最坚固的防御工事——装备有反坦克武器的混凝土碉堡。部队没有遵循古德里安的原则——绕过这个城市以后再来解决，他们企图冲过去，在遭受重大损失后被迫停止了。

南方，德军主要的攻势交给了第十集团军，它向东南朝华沙方向挺进。在它的左翼，第八集团军向罗兹突击。在它的右翼，第十四集团军沿着维斯瓦河向克拉科夫推进。那里天气晴朗，由于空中侦察不受干扰，闪电战战术以教科书式的精确度实施。装甲部队只是绕过敌人的要塞继续前进。然后，斯图卡式俯冲轰炸机从空中尖叫着冲下来轰炸守卫者，在被步兵包围前他们几乎没有时间松一口气。在许多情况下，甚至在坦克抵达之前，德军的空中支援已经彻底击溃了波兰的后方防御。到下午时，第十集团军的部队已经深入波兰15英里。在他们后面，边界自卫队和警察部队已经恢复了对后方地区的控制。

第二天早上，第四集团军的先头坦克部队，古德里安的第十九军汽油和弹药耗尽。但是在撤退的波兰人发觉之前，德国的支援纵队从混乱中奋勇赶到并且使坦克再次启动。不久，第四军团封住了走廊的底部，包围了波麦腊尼亚军团的两个师和波莫尔斯卡骑兵旅。

被包围的骑兵试图突围但失败了。他们自杀性地飞驰，冲向纳粹坦克，书写了波兰枪骑兵的不朽传奇。

在马拉瓦受阻的第三军团前线，当肯普夫装甲师重新部署，成功地从侧翼包抄到马拉瓦防线的南部，这时来自伍德里格军的部队突破了城东的环形防御圈。到9月3日，波兰的莫德林军团全线撤退，背后留下了1万多名战俘。

战场局势的迅速改变要求德军采取新的战术。北方集团军的司令费多尔·冯·博克将军匆忙同陆军司令部的瓦尔特·冯·布劳希奇元帅商讨。尽管他担心装甲

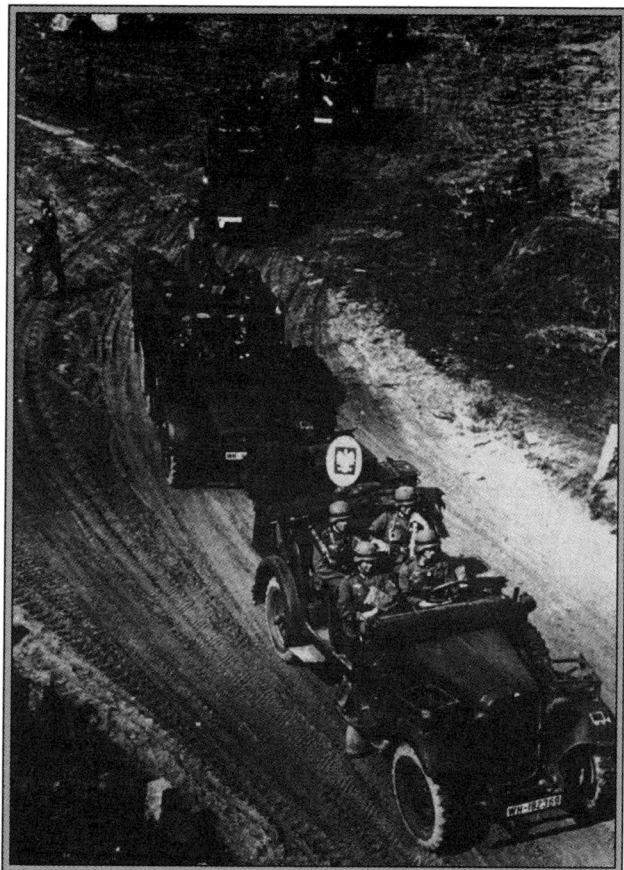

带着第一个战利品——一个上面印有波兰鹰的界牌——一辆德军参谋人员车率领一个车队进入波兰。尽管纳粹的宣传机构炫耀德国国防军的高度摩托化，但是绝大部分步兵还是徒步行进。

部队进展得太快会难以应对德国西线的突发事件，但是布劳希奇还是批准博克派第四军团的第十九军深入东波兰彻底消灭波军。

波麦腊尼亚军团的残余部队向西南华沙方向逃跑，丢下了1.5万名战俘和90门大炮。到这时，莫德林军团正向首都方向后撤，那累夫集群也正向东往比亚利斯托克方向撤退。只有走廊北端格丁尼亚和海尔半岛被包围的守军仍在继续战斗。

与此同时，德国庞大的南方集团军，由格德·冯·伦斯特德将军指挥，从西南越过波兰平原以一天最多10英里的速度缓慢向华沙移动。第十四军团的主力向克拉科夫推进，此时由斯洛伐克部队扩编而成的第二十二军穿过由精锐的波兰山地团把守的通道从南面向克拉科夫进攻。在中央，瓦尔特·冯·赖谢瑙中将指挥的第十军团的第四装甲师的坦克冲破了波兰顽强的抵抗。在他们的北方，约翰内斯·勃拉斯科维兹中将的第八军团的两个步兵军向罗兹推进。在德军的不断打击下，波兰人一直处于德军突然出现造成的惊慌和混乱状态，根本没有时间想清楚所发生的事情。当波兰人炸毁一座桥梁时，德军工程兵迅速在河上搭建了一座浮桥。当波兰人试图重新集结时，斯图卡轰炸机在他们发起反攻前炸散了他们的编队。华沙的波兰总司令部直接控制 7 个军团的每一个军团不允许任何一级指挥部干扰，现在总司令部已经同战地军队失去了联系。

波兰政府拼命向英法求救。英国内阁于 9 月 1 日上午晚些时候召开会议，尽管收到英国驻华沙大使的报告称他能够听到炸弹爆炸声，却宣布形势太混乱而不能采取行动。经过沉闷的商讨后，英国和法国仅仅满足于向德国发出一个警告。

入侵的第二天，当贝克和他的大使们恳求他们的盟国履行他们的义务时，英国和法国却在等待德国的答复。答复再也没有来。直到下议院提出抗议，张伯伦首相才同意向德国人发出最后通牒。随着最后一线和平希望的消失，绝望的张伯伦承认："我们做的每件事，我们希望的每件事，我们相信的每件事，都已经化为灰烬。"

法国很不情愿地采取一致行动。这些最后的战争警告于 9 月 3 日星期天发了出去。英国的警告于上午 11 点

残酷的战斗介绍

阿道夫·希特勒党卫队警卫旗队的军官和新兵们在一条波兰土路上休息片刻，他们身后的一座建筑物在燃烧。

一个姓名不详的战地摄影师生动地记录了德军一个团在占领波兰期间经受的战火考验。这些照片在上图和接下来的几页中展出。希特勒党卫队旗队，一个摩托化步兵团，之前一直是希特勒的卫队，从作战训练中紧急抽调出来，并在第八集团军向华沙穿插进攻的最前线投入战斗。尽管这个团赢得了勇猛顽强的名声，但还是因缺乏经验和孤注一掷的鲁莽遭受了严重损失。

在约瑟夫·塞普·狄特里希将军的指挥下，9月1日警卫旗队攻占了重要的边界关口。但是当这个团进一步深入波兰时，它不断陷入险恶的街道战中。在帕比亚尼斯镇，波兰部队包围了狄特里希的士兵，最后不得不由一个常规陆军团解救出来。9月9日当警卫旗队接近华沙时，它遭受了重大伤亡，当时他们奋力阻击正试图突破第八集团军防线并希望同他们保卫华沙的友军会合的波兰军队。

波兰的防御及时地放弃了，德国陆军获胜了。但是警卫旗队在它的第一次战斗中付出了惨重的代价：超过400人死亡或受伤。

第四装甲师的坦克，包括警卫旗队在内，涉水渡过华沙西面的一条河流去拦截一支撤退的波兰部队。

党卫队队员举着步枪把波兰家庭从他们的村庄里成群地赶出来。小心的德国人认为这些平民会向路过的部队开枪。

警卫旗队的部队在一条公路旁休息，等候德国炮兵摧毁帕比亚尼斯的防御。

　　堆放好他们的步枪，警卫旗队的士兵们检查一列被这个团反坦克炮炸毁的波兰装甲列车。

　　在奥尔塔苏的"死亡之路"旁的沟渠里波兰人的尸体排成一行，9月10日德军在这里打死了大批的防御部队人员。

到期，法国的是下午 5 点。截止到最后期限，英国和法国都正式向德国宣战了。但他们仍然没有采取任何行动。

到 9 月 5 日，德国第十军团已经离华沙还有一半的路程，深入波兰 60 英里并距首都 60 英里。它的第二和第三轻型师正在拉多姆外围作战，准备穿过维斯瓦从东南包围华沙。第十军团的左翼，第八军团正向罗兹挺进；右翼，第十四军团准备攻占克拉科夫。兴高采烈的希特勒视察北方的战场，难以相信闪电战会如此有成效。古德里安将军向元首展示了一个波兰炮兵团的残部，同许多其他的部队一样，这个炮兵团被预想中的战线后方纵深处出现的坦克打得措手不及。希特勒没有完全理解毁灭的意思。"是我们的俯冲轰炸机干的吗？"他问。古德里安告诉他正确答案。"不，"他回答，"是我们的坦克。"

古德里安还报告，他的 4 个师总共约 4.8 万人目前为止只有 850 人伤亡。希特勒回忆，一战的第一天，仅他的团就损失了 2000 人。古德里安终于阐明了自己的观点。"坦克，"这位司令官说，"是一个救命的武器。"9 月 8 日下午晚些时候，第八军团格奥尔格－汉斯·赖因哈特少将指挥的第四装甲师的先头部队抵达华沙的外围。但是他们的推进显示华沙已经坚固设防。第二天早上先头部队在没有反坦克支援下发起进攻，他们的坦克被已经集结的波兰野战火炮和少量的 7TP 坦克完全阻挡住了。第二天，9 月 10 日，当他们后撤等待重型火炮和步兵到来时，德国侵略第一次遇到真正的麻烦。在向罗兹推进中，勃拉斯科维兹将军的第八军团，由第十军团的第十一和第十六军增援，绕过了整个波兰陆军。波兰陆军包括 4 个步兵师和两个骑兵旅，它们一直部署在波兰的西部突出带波兹南城的周围。德军司令部认为波兰人将向东撤退以避免被从南北侧翼攻击的部队双重包围。德国人非常有信心，计划当他们的钳形攻势在华沙会合时，再转过来对付波兹南的部队并将他们歼灭。

但是，波兰人没有按照德国的设想行动。波兹南的军队没有撤退反而集中在波兰走廊，被打散的波麦腊尼亚军团的残余部队进行重新整编。绝大多数德国空军侦察员正在他们推进的各师前方飞行，他们可能已经报告过这个危险现象。更为糟糕的是，侦察员们在分辨他们所看见的下方地面目标时遇到了麻烦：人和车辆在干燥公路上的行动掀起了浓密的灰尘云——波兰每年的雨季还没有到来——这样就很难分清敌我。

9 月 10 日中午，波兹南军团从华沙以西 70 英里的库特诺附近向南发起进攻，攻入了德军第八军团暴露的左翼。当打击来临时，被派往保卫侧翼的第三十步兵师奋力行军以进入指定位置。步行的士兵和马拉的物资货车延伸了 20 多英里。波兰的进攻严重威胁了南方集团军的计划。如果波兰人切断了德国前进的路线，那么第十军团将不得不掉过头对付这种危险。波兰人将会有时间加固华沙和维斯瓦的防线，使德军要付出更为巨大的代价去占领波兰东半部。

关闭一个双重铁钳

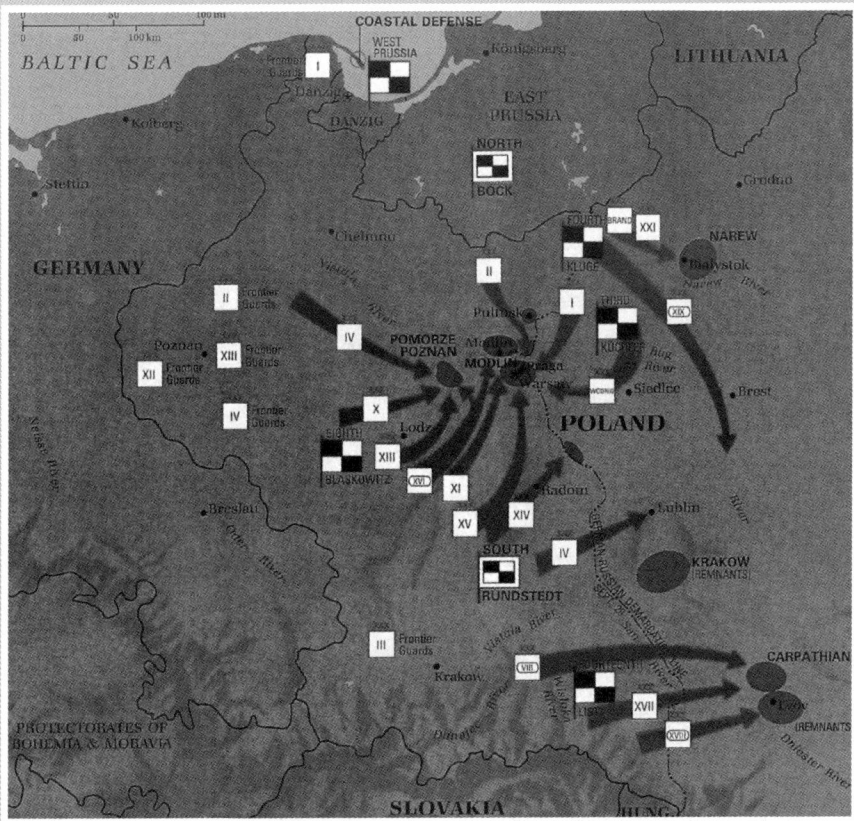

闪电战后的 3 个星期，博克将军的北方集团军群和伦德斯特的南方集团军群已经深入波兰（箭头）包围或击溃了他们前面的波兰陆军（圈）。当德国的钳形攻势在库特诺包围了波麦腊尼亚和波兹南集团军的残余部队并将罗兹和莫德林集团军的部队赶向华沙方向时，第三集团军的第一军从东边向华沙迂回，切断了可能的撤退路线。南部，第十集团军包围了拉多姆的罗兹集团军，同时第十四集团军把克拉科夫和喀尔巴阡集团军向东朝卢布林方向驱赶。现在北方集团军群的左翼和南方集团军群的右翼发动了一场范围更广的包围战。北部，第四集团军的第十九军从华沙东面急速行军 100 英里到那累夫集团军正在重新集结的比亚利斯托克，然后到达布格河边的不列斯特。南部，第十四集团军的第二十二和第二十七军进攻利沃夫。截止到 9 月 17 日，当外围钳形攻势的两个集团军会合时，德国入侵者剩下来的所有事情就是攻占被孤立的华沙并消灭东南部科克和北部但泽附近海尔半岛这些分散的包围圈里波兰军队的抵抗。

两天时间，波兰人猛烈进攻第八军团拉长的战线，此时德国人竭力组织防御。勃拉斯科维兹让他的第十军转向北，援助被包围的第三十师。到 9 月 11 日，一条新的德军战线建立起来了。第八军团的工程兵和反坦克部队匆忙赶到巩固了这条战线。指挥南方集团军的伦斯特德将军拒绝放弃他在波兰首都前方的阵地；相反，他正想方设法将波兹南军团的进攻局面扭转过来。他命令里特·冯·李布中将派他第十一军的两个师向北穿插切断波麦腊尼亚军团同华沙的联系，并将它驱赶到波苏拉河，把它以及约瑟夫·隆美尔的罗兹军团的幸存者包围起来。与此同时，第八军团转向东北投入战斗。同一时间，第四军团向南移动以便形成一个环绕整军备战的波兰人的一个钢铁包围圈，这就是所谓的"库特诺口袋"。

德军机械化师的速度被证明具有决定性意义，波兰人不可能轻易退出。进攻第十军团的一个接一个师被击溃，他们与华沙之间的联系被阻断了。当实施包围的德军将波兰人压缩得越来越紧时，德国空军猛烈轰炸他们的效率也越来越高。9 月 17 日，第十军团彻底歼灭拉多姆的波兰军队，波兹南军团崩溃了。德军俘虏了52 万人。最后一支保卫波兰的野战部队，占波兰现役地面部队的 1/3 多，已经被摧毁了。

德军的双钳，由来自北方的第三和第四军团以及来自南方的第八和第十军团组成，在华沙前面会师了。另外，他们临时凑成了第二个外围钳形攻势以包围从后方逃跑的军团。来自北方的古德里安军和来自南方的第十四军团的一些部队在维斯瓦以东很远的地方相对循弧线前进。9月9日，费迪南德·沙尔少将的第十装甲师增援古德里安的第十九军。古德里安向南方布格河以东的布列斯特前进。他的坦克和摩托化步兵迅速将他们侧翼的步兵落在了后面，这时波兰在诺沃格拉德的防御工事阻截了这些步兵。在波麦腊尼亚军团崩溃的3天前，古德里安的坦克已经占领了首都正东100多英里的布列斯特。华沙的命运已经注定了。第十九军非常突然地进攻布列斯特附近的扎宾卡，以至于一支波兰坦克部队还没有从铁轨的车厢里卸下来就被消灭了。

波兰一处石楠林尸横遍野，这支马拉的炮兵部队是被斯图卡轰炸机在开阔地带屠杀的。这支纵队是波麦腊尼亚集团军的一部分，奉命去保卫波兰走廊。

波兰唯一的希望就是下令每一支幸存的部队向首都的南面和西面移动，进入波兰领土伸入到罗马尼亚和匈牙利之间的一个"舌头"地区。在那里，依靠友好国家的支持，波兰军队的剩余部队将努力坚守直到西方盟国给予援助。但是到9月17日，很显然法国人和英国人的承诺和他们的表现是不符的。法国敷衍地执行了它发起牵制性进攻的义务，派出9个师进入国领土7英里，越过萨尔河直到西部防线附近。面对法国人，德国人几乎不需要下令让部队处于戒备状态，更不必说从波兰撤回一些师。替代发动一次全面进攻，法军司令官给波兰人发了一封同情的电报："我们全心全意地分担你们的痛苦并对你们顽强的抵抗充满信心。"

英国的轰炸也带有胆怯的味道。遵照一个意在避免造成平民过度伤亡的政策，英国皇家空军满足于对几个孤立的军事目标扔几颗炸弹并在莱茵地区上空散发宣传单。

波兰剩余部队的形势是没有任何希望了，他们中绝大部分集中在遥远东南的所谓罗马尼亚桥头堡。这支军队没有打算投降，但是它的领导人却准备投降。波兰

波麦腊尼亚集团军的司令瓦尔迪斯劳·波特诺斯基将军（右）和副参谋长马里诺斯基将军在讨论波兰的形势。几天后，波特诺斯基被德国人俘虏了。马里诺斯基逃亡到法国。

政府在武装部队总司令利兹－斯密格莱元帅之后逃到罗马尼亚。利兹－斯密格莱元帅于9月17日晚上既没通知他的政府也没有通知军队下属就逃离了波兰。

与此同时，包围华沙的德军第三和第十军团正遭遇到勇猛的抵抗而进展缓慢。9月22日视察了波兰首都的郊外后，希特勒命令第八军团从西面发起进攻。他希望把尽可能多的平民向东驱赶到苏联占领的地区，这样德国人将不用负责照顾他们。

在同一天，瓦尔特·冯·弗里奇将军在作战中死亡。一年前，希特勒任命他为第十二炮兵团的指挥官——这是对这位不体面的将军不断要求公开平反的一种抚慰。弗里奇的团构成了第三军团第十二师的炮兵部队。当这个师在普拉加附近侦察时，弗里奇来到前线视察部队的行动。由于拒绝隐蔽，他被一颗波兰人的子弹击倒了。他的尸体被从战场上抬进了一个普通士兵的半截帐篷里。看见他倒下的部队士兵们感觉弗里奇就是在找死。

到9月26日，第八军团发动主攻的日期，华沙的形势已经变得极度危急。食物供给已经耗尽了，军事系统瘫痪了。这个城市有1.6万名伤员士兵，另外有好几千受伤的平民。电力和电话公用设施不再运转了。经过德国炮兵和空军一个漫长白天的轰炸后，保卫华沙部队的司令官约瑟夫·隆美尔将军要求停火，谈判投降问题。德国人拒绝了，并加强了轰炸，而且答复只有无条件的投降才能被接受。9月27日中午，波兰人同意了，14万人投降了。附近莫

德林的 2.4 万名守军第二天也随之投降。

德国军队现在可以放心大胆地集中兵力攻打罗马尼亚桥头堡的残余部队。几天之内，他们在那里杀死或俘虏了 15 万波兰人。其余的大约 10 万人躲避到罗马尼亚——但是只有打败居住在这个地区的敌对乌克兰人后才算安全。

当德国铁钳的钢嘴在华沙周围猛地合拢时，走廊港口地区的两支波兰杂牌部队，分别在格丁尼亚和海尔半岛继续抵抗。9 月 19 日，在石勒苏益格－荷尔斯泰因战舰的炮弹和斯图卡的轰炸摧毁了弹药储备库后，格丁尼亚的守军放弃了。波兰司令官宁肯自杀也不投降。

下图，德军部队卧倒在华沙郊外。左图，9月24日希特勒视察前线一个炮兵连，希特勒通过一个望远镜观察对波兰首都的炮击。"没有士兵会为荣誉而死，"希特勒下达命令,"德国空军和炮兵将摧毁所有必要的设施。在3～4天里，华沙将会投降。"

现在德国全力以赴对付一个7英里长的伸出到波罗的海的狭长地段的顶端海尔要塞里的450名海军步兵和民兵。海军少将约瑟夫·尤恩鲁格指挥的波兰人在狭长的半岛上布满了地雷。9月21日，守军们打退了一次德军的地面进攻。3天后，石勒苏益格－荷尔斯泰因战舰加上它的姊妹舰石勒苏战舰用11英寸大炮残酷地轰炸波兰人。第二天，斯图卡轰炸机炸毁了铁轨线，波兰人曾用它把他们的大炮运到射击位置。10月1日，尤恩鲁格投降了。

海尔要塞陷落后波兰只剩下几个抵抗的包围圈。最后一支有组织的波兰部队——库克的1.7万名守军，位于华沙东南75英里——10月6日也投降了。

在 36 天的时间里，德国战争机器挫败了欧洲一支主要的军队。被《凡尔赛和约》解除武装 20 年后，德国使波兰伤亡 75 万人，而自己仅有 8082 人死亡、5029 人失踪、27278 人受伤。它采取了一系列非常好的战术，这将改变现代战争。但是它还是遇到许多问题。6 个德国师中只有一个被组建成装甲部队，并且这些师不能协调一致地行动。与以后的传奇相反，入侵波兰的军队很大一部分只能靠步行并且依赖马拉的物资货车。以赫尔曼·戈林为首的德国人吹嘘他们的新空军，但是没有提到超过 400 架飞机损毁或被对方用劣质的飞机严重击伤。

没有人比希特勒本人对德军表现的印象更深刻了。在他的判断中，胜利丝毫也不应归咎于勇敢的波兰人技术落后，而都应归功于他果断地否决军事指挥官们的小心谨慎。同样的敏锐洞察力，曾经告诉希特勒采摘奥地利、捷克斯洛伐克和波兰的时机已经成熟，现在又在催促他在英法有时间做好战争准备前，解除对部队的限制，对英法发动战争。他勉强同意他的将军们要等到春天再动手。

在进攻华沙期间，一个翻过来的有轨电车为用机枪射击的德国陆军士兵提供了一个屏障。为了加重华沙的食物和供水短缺并迫使华沙守军投降，士兵们执行了不准平民逃出他们的防线的命令。

"敌人就在门口"

"敌人就在门口，他派他的死亡天使宣布他的到来。"当1939年9月德国的轰炸机轰炸波兰首都时，一所华沙学校的校长切姆·卡普兰这样写道。"当听到空袭警报时，"卡普兰说，"街道立刻就空了，出现一种可怕的寂静。这是极可怕的时刻。病态的幻觉冲昏了你的头脑，仿佛天花板要砸到你的头上而你甚至没有机会在死前看见那些你最亲爱的人。"

对于那些日夜受到这种恐惧折磨的华沙人民来说，围城纯粹是一种痛苦的考验。但是对于美国摄像师朱利亚·拜恩来说，9月7日就在华沙被封锁前，他来火车从罗马尼亚来到这里，围困代表了一生的机会。波兰政府两天前已经逃走了，美国新闻团也跟着走了，把这个战场丢给了拜恩。但是，当德国人收紧他们的绞索时，拜恩怀疑他是否能在他正记录的戏剧中活下来。"华沙的围困成了我的一切，"拜恩后来写道，"但是对此我并不太高兴。"

晚上，拜恩和其他大约70个人挤在美国大使馆的地下室里；白天，他仔细观察这座城市，拍下这里所展示的照片——屠杀、悲哀和蔑视的记录。波兰当局决定不惜一切代价保卫华沙，沉痛打击了德国的猛攻，德国进攻的目标是把平民和士兵一样对待。9月13日，华沙的犹太区被燃烧弹击中了，这一命运很快落到其他区的头上。拜恩写道，几天后，德国的大炮把定时炸弹雨点般地扔向这座城市的街道上，这些炸弹爆炸后弹片四处飞溅。在华沙的郊区，战斗机低空俯冲，用机枪扫射难民和溃散的骑兵。

拜恩悲惨的工作期限到9月21日结束了，他和华沙其他剩下的中立国人员被撤了出来。但是，对这个城市本身来说，恐怖又持续了6天，直到波兰守军投降为止。拜恩写道，那个时候绝大部分居民已经没有食物和水了，只能无能为力地等着"希特勒的军队就像等春天的雨一样"。希特勒的军队9月30日进城，提供救济。但是，不是所有需要帮助的人都接受这种救济。一个年轻妇女的家被炸弹炸毁，第二个避难地又被烧了，她拒不理睬德国军队："我根本不想看他们。我感觉非常愤恨。"几天后，她参加了地下抵抗组织——这支武装在接下来的几年里像复仇天使一样偷袭占领者。

当德国战机来临时，一名戴着臂章的警察志愿者与两个同伴从华沙歌剧院的柱廊间向上观看。他右边布满弹洞的柱子上贴着一张海报鼓舞波兰人武装起来。在围困期间，德国空军使用了不同的武器，从集中火力攻击目标的斯图卡轰炸机到对一个广阔地区用燃烧弹进行地毯式轰炸的容克52运输机。

在围城期间，一名士兵同他的妻子交谈。摄像师拜恩记录下了这座城市的守卫者们同他们的亲属会面，并对他们的安全表示担心："市民的伤亡比士兵大，丈夫能否从战场上活着回来与家庭的其余人员是否还活着这两个问题没有很大的区别。"

波兰人在检查一架在华沙上空被击落的轰炸机的发动机。从美国大使馆的屋顶望去，当这架飞机在燃烧中爆炸时，拜恩也同人们一起欢呼，机上的四名机组人员都死了。"他们死了我们非常高兴，这就是战争对你的影响。"

两名东正教犹太人在华沙修防御工事。卡普兰写到，许多犹太人出来做这样的工作，他们深深地知道"只要希特勒的足迹踏到哪里，哪里的犹太人就没有任何希望"。

　　上图，两名波兰士兵和一个市民竖起一根有轨电车铁轨以完成一个反坦克路障。右图，一辆倾覆、被炸烂的有轨电车加固了一条华沙守卫者修建的路障线。这样简陋的防御帮助波兰人彻底击退了9月8日德军的一次坦克进攻。然后，这些坦克撤回来等待步兵、重炮和德国空军的空袭。

上图的弹坑是
5颗500磅炸弹中
的一颗炸出来的,
这些投下的炸弹对
一家华沙医院的建
筑和地面造成了致
命的影响。

死马——在围困期间一个非常普遍的现象——为饥饿的波兰
人提供了食物。卡普兰报道,即使这些尸体正在腐烂变质,人们
"也会切下大块的肉并吃掉它们来充饥"。

　　妇女和孩子们在打量一座 9 月 10 日星期天大规模轰炸期间被炸毁的天主教堂。由于接到空袭警报，做礼拜的人们在轰炸来袭前都逃到安全的地方了。

难民们坐在他们所有财产的顶端，在围困中寻找一处避难所，这场围困估计造成1.2万平民死亡，他们中的许多人死在他们自己的家里。"没有人知道该跑到哪里，"切姆·卡普兰写到，"每个人跑到一个地方，而这个地方已经被另一个人认为不安全而放弃了。带着婴儿和包袱，心慌意乱和受到惊吓的人们拼命地寻找一个避难所。"

在荒废的地方干活，一个男孩在一块空地上砍柴，他的阿姨在专心地洗茶壶，他的表妹在洗脚，这块空地上散布着抢救出来的财产。

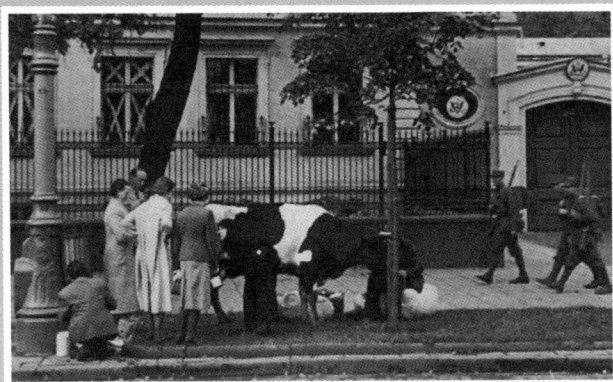

美国大使馆外面，一个农妇在卖刚从一头奶牛身上挤下来的新鲜牛奶，她的丈夫（右边坐着的人）照顾这头奶牛和他们家打成包袱的财产。

一个被毁坏的医院里，护士们照顾母亲和她们的婴儿。"当医生用绑带将已经被榴霰弹或碎玻璃弄伤的婴儿包扎好时，"拜恩写到，"一些妇女默默地哭泣，其他人看护她们的婴儿。"

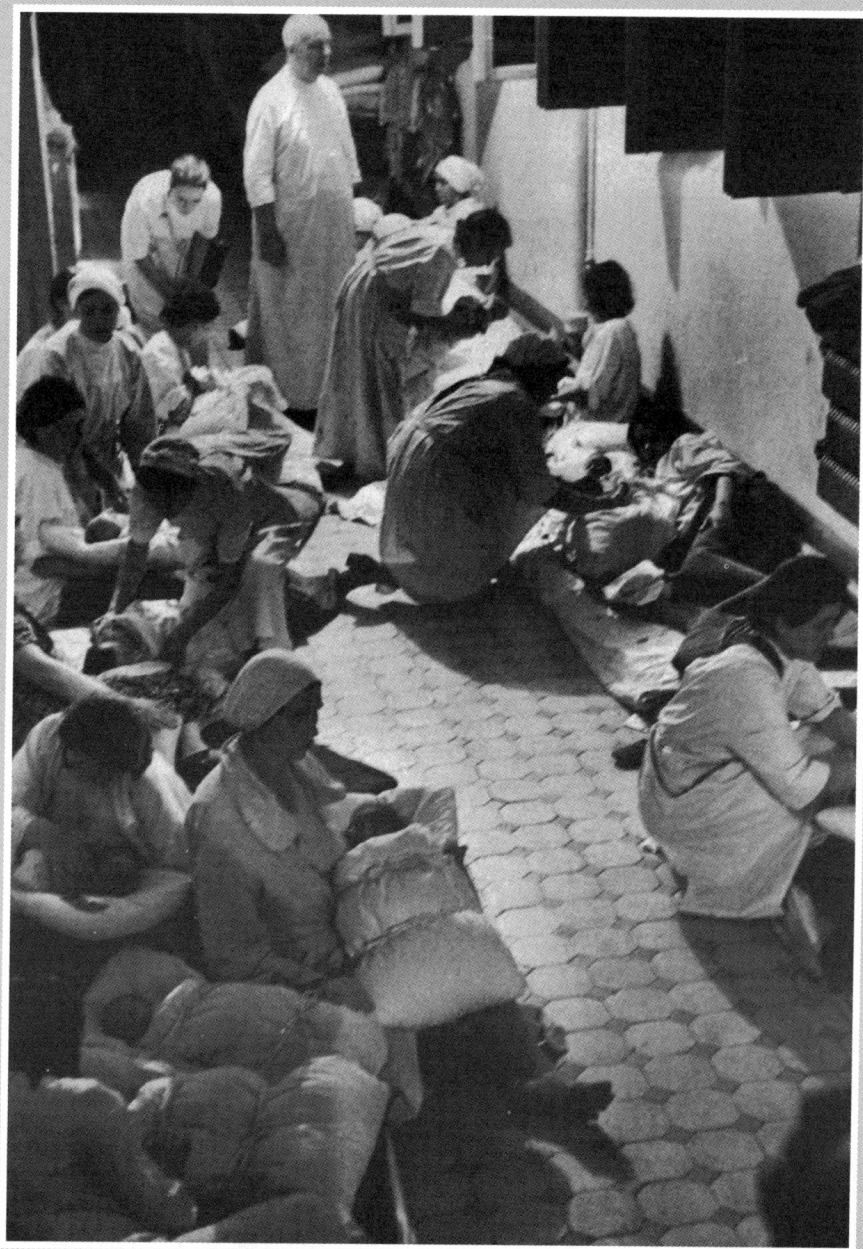

　　上图，一个男孩在她母亲的尸体旁边充满恐惧地蜷缩成一团，她是 9 月 14 日被德国战机扫射死的几个华沙妇女之一，当时她们正在一块地里挖土豆。右图，一个 10 岁的女孩痛苦地哀悼她的姐姐，她是这次袭击的另一个牺牲者。拜恩回忆，那个小女孩弯下身，去摸那个死去女孩的脸，但又深感恐惧地收回去了。"哦，我美丽的姐姐！"她痛哭道，"他们究竟对你做了什么？"

9 岁的帕耶瓦斯基集中
体现了令他们无家可归的
这场战争中平民的遭遇，
他悲伤地坐在一个扭曲的
床架和一个被炸毁的屋子
的废墟旁。这次围困，已
经夺去了帕耶瓦斯基哥哥
的生命，这只是他家庭痛
苦经历的开始：1940 年，
根据一个彻底驱逐上百万
波兰人的重新安置计划，
这个男孩的父亲作为一名
奴隶劳工被赶到了德国。

图书在版编目 (CIP) 数据

帝国的扩张 / 美国时代生活编辑部编；孙逊译 . ——
修订本 . —— 海口：海南出版社，2015.1（2022.6 重印）
　　（第三帝国）
　　书名原文：The third reich:the reach for empire
　　ISBN 978-7-5443-5796-8

　　Ⅰ.①帝… Ⅱ.①美… ②孙… Ⅲ.①德意志第三帝
国－史料 Ⅳ.① K516.44

中国版本图书馆 CIP 数据核字 (2014) 第 271300 号

第三帝国：帝国的扩张（修订本）
DISAN DIGUO: DIGUO DE KUOZHANG (XIUDING BEN)

作　　　者：美国时代生活编辑部
译　　　者：孙　逊
选题策划：李继勇
责任编辑：张　雪
责任印制：杨　程
印刷装订：北京兰星球彩色印刷有限公司
读者服务：唐雪飞
出版发行：海南出版社
总社地址：海口市金盘开发区建设三横路 2 号
邮　　编：570216
北京地址：北京市朝阳区黄厂路 3 号院 7 号楼 102 室
电　　话：0898-66812392　010-87336670
电子邮箱：hnbook@263.net
经　　销：全国新华书店经销
版　　次：2015 年 1 月第 1 版
印　　次：2022 年 6 月第 2 次印刷
开　　本：787mm×1092mm　　1/16
印　　张：14.75
字　　数：180 千
书　　号：ISBN 978-7-5443-5796-8
定　　价：45.00 元